手放すのは、モノではなく「選ぶ時間」

わたしらしい
暮らしの決めごと

hichon
ひちょん

KADOKAWA

はじめに

この本を手に取っていただき、ありがとうございます。
改めまして、子ども4人を悩みながらも楽しく育てている
hichon（ひちょん）です。
2年前に会社を立ち上げ、様々な企業から仕事を請け負うフリーランスとして、
主にInstagramや〈楽天〉ROOMで活動しています。

もともとは、11年前に長女の出産をきっかけに息抜きとしてはじめたInstagram。
その後、双子姉妹を妊娠・出産し、
入退院を繰り返す子どもたちとの怒濤の日々を投稿するなかで、
わたしと同じような想いや悩みを抱えている人が大勢いることに気付きました。

子どもたちと向き合いたい。だけど仕事も全力で頑張りたい。
でも現実は甘くはなく、毎日積み上がる家事や掃除、仕事……。
忙しい日々に追われ、母ちゃん業なんてまったく終わらない!!

やることも使うモノも、たくさんの選択が必要となり、
一方で迷うことも増える毎日。
そんなときに、「選ぶ時間」が短くなれば、
忙しい日々が少しでもラクになるのでは？　と、考えるようになりました。

この本には、これまで実際に試して見つけてきた〝よいモノ〟の紹介と同時に、
悩みながらも自分なりに編み出してきた、
〝迷わずに暮らすためのメソッド〟を詰め込みました。
すっきり見える部屋づくりや収納テク、時短料理レシピ、育児、
夫婦の考え方、お金、仕事のことなど……、
「選ぶ時間」を減らすコツをまとめた1冊です。
仕事も家事も楽しみたいし、遊ぶ時間もたくさん作りたい。
そんなみなさんの、暮らしのヒントにつながれば幸せです。

選択するコツやルールをつかんで、
自分や家族のための「好きな時間」を一緒に広げましょう！

hichon's point

はじめまして、
hichonです！

※本書は2024年10月時点の情報です。本書で紹介している商品やグッズ、家具、電化製品などはすべて著者の私物です。販売が終了しているものや、仕様が変わっているものもありますので、ご注意ください。

地元の宮崎県で、家族6人で暮らしております。
まずはわたしのこと、大好きな家族のこと、
家のことを少しだけ、紹介させてください。

hichonとは

おっとりしてそう、と人からはよく言われますが、実は超せっかちな性格です。やると決めたら手を抜かない全力タイプ。好きなことには時間をかけたい、韓国ラブな母です。

〈楽天〉ROOM OF THE YEARのMVP獲得

コツコツと好きなモノをアップし続けた〈楽天〉ROOM。ネット検索能力が功を奏し、光栄にも2022年&2023年と2年連続でMVPをいただきました。

夫は元理学療法士

趣味は読書、筋トレ、ランニング。14年間働いた病院を辞め、フリーランスに。MRT宮崎放送で、子育てインフルエンサーとしてラジオ番組を担当しています。

子どもは4人

小学5年生の長女、小学3年生の双子姉妹、2歳の末っ子長男の4人の子どもがいます。子育てに悩みながら、家族6人で楽しくにぎやかに暮らしています。

マイホームをリノベ&増築

一軒家に住んで6年、子どもが4人に増えたのを機にリノベーション&増築工事。わたしたちらしい、理想の空間作りが実現しました。

韓国インテリアで家具を統一

洗練された韓国カフェの内装やデザインに魅了され、"韓国インテリア"で部屋づくりをしたわが家。お気に入りの家具に囲まれて暮らしています。

ルールを決めると「選択する時間」が短くなる

1. モノ選びはテーマカラーを決める

部屋づくりも、身のまわりのモノ選びなどもすべて、自分の中でテーマカラーを決めることが大事。そのおかげで、流行りのものや派手かわいいアイテムには飛びつかなくなり、商品が絞れるので、「迷う」「選ぶ」の無駄な時間が短縮できました。

2. たくさんの器はいらない

わたしは器に対する欲があまりないので、使う器はほぼ毎日同じです。器選びの時間がかからない分、料理作りに向き合えて、手際も美味しさもアップしました。4人の子どもと食欲旺盛な夫のごはん作りは、とにかくスピードが勝負なんです。

3.

夫と子どもが片付けやすい収納

正直、収納が苦手です。だからこそ収納ケースを有効に使い、名前ラベルを貼ってモノの住所を決め、誰もが迷わない収納を目指しています。片付けはひとりで頑張らず、「家族みんなで頑張ろうね！」の精神が大事だと思っています。

4.

作文発表で家族時間を増やす

休みのプランを立てるとき、ひとりひとり作文を書いてプレゼンをします。反対に、映画や旅行などのイベント後は、作文で感想を発表しています。〝書いて伝えること〟を家族の決めごとにしたら、子どもたちの文章力も家族時間も倍増しました。

Contents

アートディレクション／細山田光宣（細山田デザイン事務所）
ブックデザイン／柏倉美地（細山田デザイン事務所）
撮影／中垣美沙、hichon
校正／麦秋アートセンター
編集・執筆／山本有紀（itoto）
編集／辻尚子（KADOKAWA）

Chapter 1

白&くすみカラーでつくる わたしの住まい

ブレずに好きな〝韓国インテリア〟

わが家は、白やベージュ、くすみカラーをベースに、木製品の家具で揃えた〝韓国インテリア〟で統一しています。昔はもっと家具や雑貨も多く、ほっこりとしたカントリー調の部屋でしたが、3年前に友人と巡った韓国の数々のお店のおしゃれさにカルチャーショックを受けて。そのシンプルで洗練されたカフェやセレクトショップの内装に夢中になり、家をリノベーションするタイミングで、インテリアをガラッと変えました。韓国のカフェをイメージして、「白やアイボリー、ベージュ系の淡いトーン&マット素材で揃える!」と、自分の中で断固とした決まりを作り、家電、キッチン道具、小物まで細かくこだわりました。家族6人暮らしなので、モノが溢れてごちゃっとすることが心配でしたが、今では部屋が常にすっきり見え、毎日気持ちよく過ごせています。

裏切らない〝白×木製品〟で徹底

壁紙や家具、雑貨など、柄や色ものを好む時期もありましたが、結局飽きてすぐ変えて、のくり返しでした。いろいろ試してわかったことは、「白い部屋×木製家具は裏切らない」ということ。白い壁は圧迫感がないので、それだけで部屋がすっきりと奥行きができますし、天然素材の家具があることでゆったり落ち着ける効果も。それに、飾る小物で遊べば飽きもこないんです。

現在のわが家は韓国インテリアで統一していますが、部屋づくりのポイントは全体の配色を、白、アイボリー、ベージュ、グレージュ（グレーがかったベージュ）など、淡いニ

ラタンで揃えたダイニングの椅子

韓国インテリアに欠かせない、天然素材・ラタンの家具。以前働いていた韓国＆北欧インテリアの通販会社〈POPROOM〉で商品開発に携わっていたので、その際に製作しました（※生産終了品）。角が丸いテーブルは〈IKEA〉のもの。

ュアンスカラーで揃えること。差し色を入れるときも、くすんだ水色やピンク、グレーなどでトーンを抑えるように意識しています。なので、わが家の（ダイニングルームからつながる）キッチンカウンターの色は、淡いグレーをチョイスしています。部屋全体がやわらかい雰囲気にまとまるので、ボヤけてしまわないように、木製品は素材や木目、質感などをあえてバラバラにしてメリハリを出すようにしています。

Dining room

ダイニングルーム

チーク材の収納棚を造作

韓国のカフェで見つけた扉のデザインを参考にしました。タンボアという壁装仕上材を使用し、たくさん収納できる大きな棚をつくってもらいました。

壁の棚や飾りも木製品

壁の上部に取り付けた棚は、子どもに触らせたくない薬や美容液などを収納。インテリアとして飾っているライトは〈AXCIS〉のもの。

韓国インテリアのポイント

家電が多いリビングはトーンを揃えてすっきり空間に

リビングでは、子どもたちが寝る前まで動画を見たり、寝転がったりして家族団らんタイムを楽しむのが1日の決まり。棚に置いたiPadやスマートスピーカーなどのデバイス製品は白でまとめ、そのほかの雑貨類もなるべく淡めトーンで統一して圧迫感をなくしました。広々と使いたいので大きなソファは置かず、片付けや掃除がしやすいクッションマットを敷いています。リビングから2階に上がる階段はもともと黒でしたが、シール施工で白に変えたのもこだわりのひとつです。

床に敷いたクッションマットは、韓国発の〈PARKLON JAPAN〉で、テレビ前のは〈popomi〉のプレイマットCLEANです。かわいいキルトラグは〈Apolina〉と〈PROJEKTITYYNY〉のコラボ商品、花柄ビーズクッションは〈DECO VIEW〉。

家電の配線もすっきりと

iPadやスマートスピーカーなどの配線は、ごちゃごちゃしないように、上から３段目に置いた木のケーブルボックスに隠しています。

Living room

リビングルーム

1. 冬はリビングに〈GOOD LIFE INTERIOR〉の円形のこたつを出します。こたつ布団は〈éclavie〉の極上さらふわタッチ。 2. 停電時に活躍したポータブル電源は〈PowerArQ〉のS10 Pro。存在感があるからこそ、インテリアに馴染むコヨーテタンカラーをチョイス。 3. 夫と長男はリビングで寝ているので、布団類はラタンの脚付きカゴに収納。地元のマルシェで見つけました。

韓国インテリアのポイント

仕事部屋だけど家族が集う部屋に

フリーランスで働くわたしたち夫婦の仕事場所は、ほぼ自宅。小学生組の娘たちが帰宅すると仕事に集中できなくなるという理由もあり、ダイニングの隣にワークスペースをつくりました。商品を撮影してSNSで発信する仕事が多いので、テーマは〝光がきれいに差し込む、韓国カフェのような空間〟。ほかの部屋とは床や壁素材を変え、大理石調の重厚感のある円卓やオブジェのようなミラーを置き、窓は白いレースのカーテンを付けて生活感が出ないように工夫をしました。

あえてなにも置かないことで片付け時間がなくなり、仕事の効率が大幅にアップ。それだけで気持ちよくスムーズに作業ができるようになりました。休日や雨の日は長男がボールを蹴ったり、家族が集まる場所にもなるので、結果として〝なにも置かない潔さ〟は大正解でした！

Work room

ワークルーム

部屋の壁紙は、マットな質感の〈イマジンウォールペイントSHE〉で、カラーは297。床のフロアタイルは〈サンゲツ ボルゴーニャ〉のIS-1008。光がやわらかくまわるように、ベージュトーンでまとめています。

お店のような
ディスプレイを意識

一軍のお気に入り家具や小物に囲まれていると、それだけで毎日のモチベーションが上がり、以前よりも仕事がはかどるようになりました。棚には洋書や香水、アクセサリーなどを。詰め込まずに余白を残して飾るのがポイントです。たまに夫が読売巨人軍のサイン色紙を置いて、いたずらをしてくることも(笑)。

Work room

ワークルーム

夢だった
アーチ型の壁

ウォークインクローゼットの入り口をアーチ型にしました。見せる収納棚には、写真映えする私物を置き、裏側には防災グッズなどをしまっています。

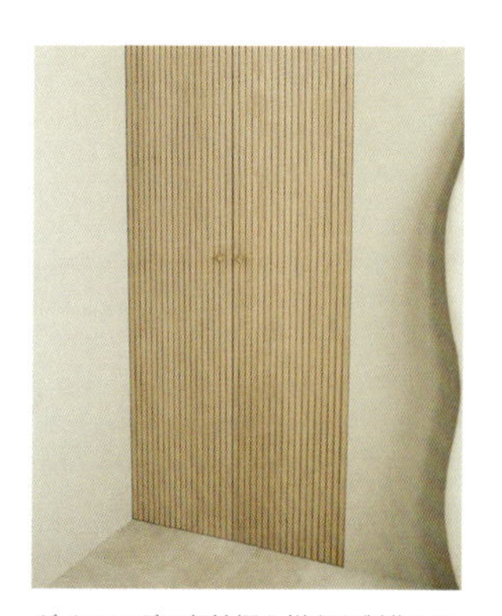

ダイニングの収納棚と揃えて製作した、クローゼットの扉。仕事で使う資料やサンプル品などを収納しています。

〈e-home〉の大理石調の円卓はずっしりと安定感があるので、子どもが体重をかけたぐらいではびくともしません。存在感があるので、天板の色は床と同系にして馴染ませるようにしました。伸縮式で、スクエアにできるところも気に入ってます。

韓国インテリアの 家具・雑貨選び キーワード7

1／ 木製品の家具と丸みのある雑貨

韓国インテリアは「やさしい」「温もり」「カジュアル」などの有機質な雰囲気が特徴的。白や淡いトーンをベースとした部屋に、木製品の家具、丸みを帯びたフォルムの雑貨でやわらかい印象にまとめて。

2/ ラタン素材を取り入れる

木製品などの天然素材を多く使う、ナチュラルな韓国インテリア。なかでも、ラタン（日本名で籐）素材を選ぶと、置くだけでおしゃれに見えますし、より韓国っぽくなりますよ。

1. 雑誌や洋書などを入れているラタンのマガジンラック。2. 双子の部屋の机に置いている飾りにはポスターを入れています。3. ラウンドミラーもラタン素材で。

3/ オブジェのような佇まい

美術館にありそうな、存在感のある左右非対称な曲線デザインが、韓国インテリアでは人気です。たくさんあると存在感が出すぎてしまうので、部屋に1〜2個のポイント使いを。

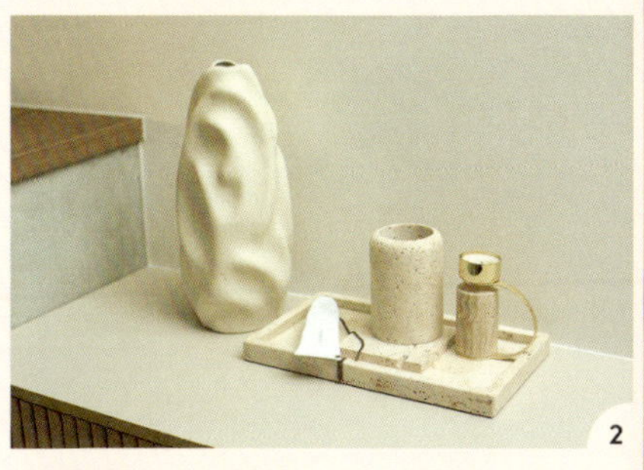

1. 仕事部屋のウェーブミラーは〈ART OF BLACK〉。大きめの置き鏡は、部屋を広く見せる効果も。2. ダイニングの収納棚に置いたフラワーベースは〈Cooee Design〉。

2

1

どちらも〈VEROMAN〉のモダンな壁掛けライト。**1.** 2階のわたしの寝室に。**2.** 仕事部屋のアーチ型壁の横に付けています。

4／ トラバーチンのライト

大理石の一種であるトラバーチンは、濃淡のある色みと小さな穴が特徴です。このベージュトーンの壁掛けライトは、見つけたときにひと目惚れして、部屋の中に2か所と、テラスには防水タイプを取り付けました。

3

2

1

1. & **2.** 1階ダイニングは〈toolbox〉の陶器スイッチ ホワイトとトグルスイッチプレート03-3に。
3. 洗面所は、〈Hauspot〉の真鍮トグルスイッチ。

5／ 電気スイッチはトグル

スイッチなどの細かい部分にもこだわり、カフェのようなおしゃれな空間に。3種バラバラにして、抜け感を出しています。お値段高めなので、2階は普通のスイッチです（笑）。

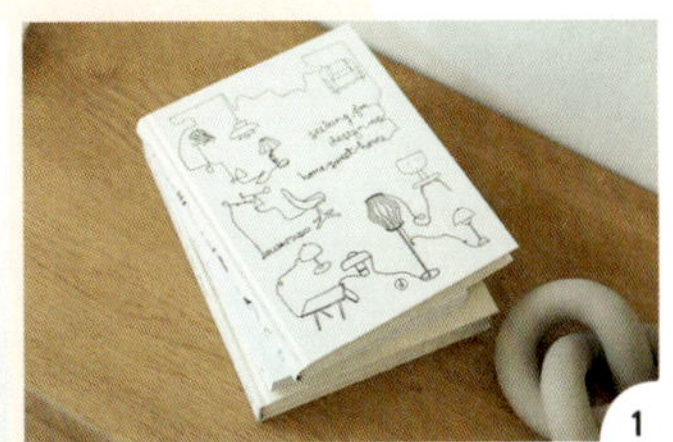

6／アートを飾る

韓国のおしゃれなお店は、海外製ポスターなどアートを飾った空間が多く、それだけで素敵な雰囲気になるんです。家に飾るポスターは水色、グレーなどのくすんだニュアンスカラーを選ぶようにしています。

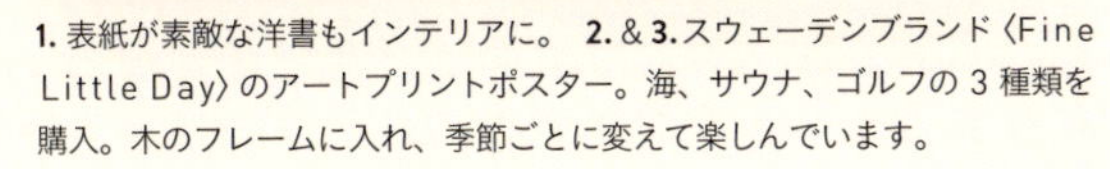

1. 表紙が素敵な洋書もインテリアに。 **2.** & **3.** スウェーデンブランド〈Fine Little Day〉のアートプリントポスター。海、サウナ、ゴルフの3種類を購入。木のフレームに入れ、季節ごとに変えて楽しんでいます。

7／シルバーではなくゴールド

淡いトーンの部屋がぼんやりしないように、真鍮などゴールド系小物で空間を引き締めています。ゴールドは木製品の家具と相性もよいし、やわらかく洗練された空間を演出できます。

1. 仕事部屋に置いた、背の高いフロアランプは〈IKEA〉。 **2.** コロンとしたフォルムがかわいい、真鍮の時計は建築士さんからいただきました。

韓国インテリアのポイント

木製品とデザイン小物で見た目も使い勝手もよい場所に

ごちゃっと生活感が出てしまいがちな洗面所ですが、ここでも木製品のトレイやケースを使い、〝すっきり見えるディスプレイ〟を心掛けながら定期的に片付けをしています。よく使うスキンケアやソープ類などは出しておきたいので、シンプルでユニセックスなデザインの〈Aesop〉や〈track〉を愛用しています。写真には映っていませんが、歯ブラシや歯磨き粉はさっと取れるように左側の壁に付いた棚へ、姉妹のヘアゴムなど散らかりやすいものは洗面台下に収納にしています。

Powder room

パウダールーム

便利な壁掛け扇風機

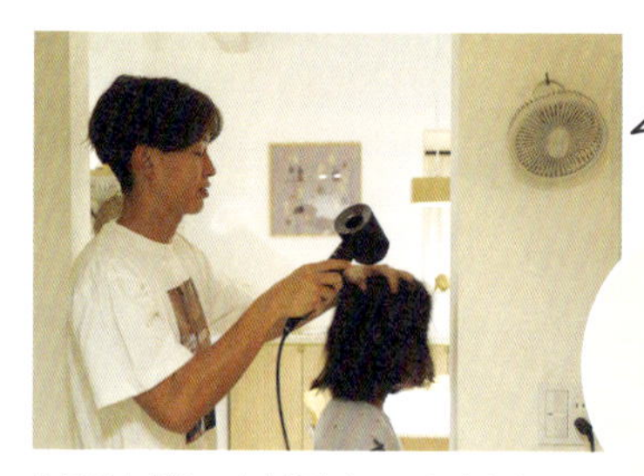

お風呂あがりにまた汗をかいてしまわないよう、USB充電できるコードレスの壁掛け扇風機を採用しました。暑い時期にメイクをするときも、汗で崩れません！

Open!

脚付きのウッドトレイは、小物やアクセサリー置き場として使っています。ラタンケースには、スキンケア類やフレグランスを収納。

むき出しのライトや扇風機を掛けた金具まで、ウッドに相性のよい真鍮を使ったのもこだわり。ライトは、〈Hello Interior〉で相談して見つけたインダストリアル ブラケットライト 。ウォールミラーは〈Canffy〉です。

韓国インテリアのポイント

ウォールステッカーで窓をデコレーション

わたしの寝室として使っているこの部屋は、もともと吹き抜けだった部分をつぶして増築をした場所です。寝室だからといってこざっぱりしないように、窓にはウォールステッカーを貼り、壁には調光ができるトラバーチンのライトを掛け、ベッドにはクッションを並べて、温かみのある雰囲気づくりを心掛けました。あえて扉はつくらず、開放感のあるリラックススペースにしたので、長女がときどきひとりで音楽や読書を楽しんでいて、その成長した姿を見ながらほっこりしています。

壁のウォールステッカー

友人がディレクターを務める〈chouchou HOME〉にステッカーを依頼しました。「愛と笑顔にあふれる家族で」とざっくりオーダーでしたが、かわいく仕上げてくれて大満足です。

〈Welle〉の360度スピーカーは、テーブルとしても使えて便利。上に〈Pieria〉のサーキュレータを置いて空調を管理しています。

Bed room

ベッドルーム

ベッドとマットレスは、寝心地のいい〈Koala〉。掛け布団は、夏は〈とろ〜りケット〉、冬は〈ふわとろ毛布〉を使って寝ています。

双子姉妹が並んで勉強できるようにと、広めに製作した勉強机と棚。ぬいぐるみやマンガなどは〈ニトリ〉のカゴやケースに収納しています。〈バランスイージー〉の椅子は、骨盤前傾がつくれるので姉妹が頑張っている陸上競技にも活きています。

自分たちで準備する学校用のぞうきん、エプロン、ゲームソフトなどの細々したものは、机横の引き出しやケースに収納。

韓国インテリアのポイント

派手なカラーやキャラものは見えないところに

Kids room

キッズルーム

派手&キャラクターものが大好きな双子姉妹。なんでもふたり分なので、モノは盛りだくさん。整頓された場所で集中してほしいという想いも込め、余白を作りながらカゴやケースを置いてすべてをしまうようにしています。ケースの中はキャラ系文具でごちゃっとしていますが、出しっぱなしにしなければOKというルール作りも。最近は〝隠す収納〟と〝見せる収納〟の違いをなんとなくわかってきているようです。長女の部屋は別にありますが、もう高学年で好きにさせているので、キャラグッズで溢れています(笑)。

寝るときは3姉妹仲よく一緒に

長女にてんかんという持病があるので、深い眠りにつくまでは付き添っています。そうすると、双子たちも「ねえねだけずるい!」となるので、今でも3姉妹は同じ部屋で寝ています。ベッドの下は、〈めいじ屋〉のすのこベッドをふたつ使用。

Couffin

カゴ型クーファン

持ち手があるので、寝ている赤ちゃんを起こさないように
移動できるクーファン。写真映えもしておすすめです。

映えるベビー用品

インテリアになるベビー用品選び

子どもが生まれるとその分モノが増えたし、子育てに夢中で片付けができないことが多々ありました。だからこそベビー用品やおもちゃは、そこらへんに置いてあってもかわいく、インテリアの一部になるようなアイテムを選びました。さらに、生まれたばかりのかわいい赤ちゃんの姿をたくさん残したいので、〝写真映え〟も重要。自分好みの天然素材や大人っぽいくすみカラーを集めて、ワクワク気分で撮影を楽しみました。

Stuffed toy

ぬいぐるみ

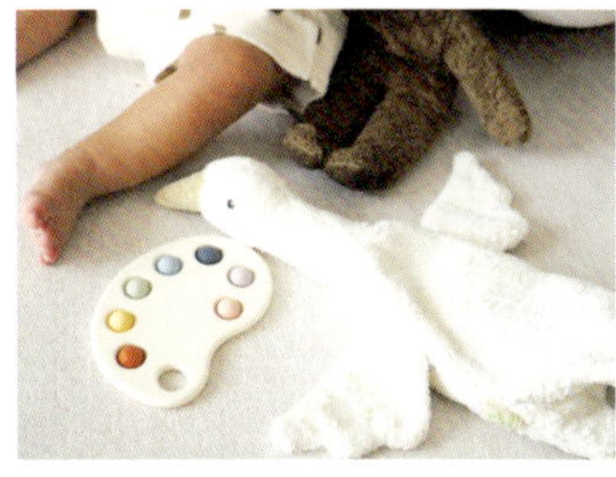

ぬいぐるみや人形はやさしい色みで、長く愛せるように。右ページのクーファンの人形は天然素材を使用し、職人さんがひとつひとつていねいに手作りした〈Little Kin Studio〉。3匹のくまのぬいぐるみは韓国ブランドで、3姉妹をイメージして購入しました。

Baby bed

ベビーベッド

腰に負担がかからないように、高さのある〈ワンタッチハイベッド クール〉を選びました。部屋に馴染むナチュラルカラーです。

Mobile

モビール

インテリアとしてもかわいいので、子どもが大きくなった今でも飾っています。モビールは北欧インテリアブランドで探すと、おしゃれなデザインが見つかります。

Cup

カップ

北欧デザインを取り入れたアメリカのブランド〈Mushie〉。日本にはないデザイン&カラーで育児が楽しくなりました。

Bath toy

お風呂グッズ

〈3COINS〉のおもちゃは、くすみカラーのかわいいアイテムが多くて優秀。お風呂時間が楽しくなること間違いなし！

Swimming pool

プール

レモン柄プールはデンマークブランドの〈Konges sloejd〉。ネットで見つけたアヒルの浮き輪は、写真映えばっちり。

Slide

すべり台

折りたためてコンパクトになる、室内外で使える〈トイザらス〉の限定すべり台。ナチュラルなベージュカラーなので、ほかのおもちゃとも馴染みます。

football

サッカーゴール

サッカー好きの夫が、長男の保育園登園前にバルコニーでよく遊んでいます。折りたためるので室内外で使っています。〈楽天〉で購入。

Car

クラシックカー

〈nopi nopi shop〉で見つけたおもちゃの車は、レトロなデザインと色に惹かれました。

ベビー用品＆おもちゃ類のちょっとした工夫

派手＆キャラグッズは階段下スペースに隠す

くすみカラーのおもちゃを集めていましたが、子どもはやっぱり派手＆キャラグッズが大好き。なので、わが家にももちろん目立つおもちゃはたくさんあります。遊んだおもちゃ類は階段下に収納スペースをつくり、「ここに集めようね」と一緒にお片付けをしています。

おむつはおしゃれなボックスに

リサイクル紙パルプを100％使用した〈ferm LIVING〉のペーパーパルプボックス。スクエアタイプも持っていて、長男のおもちゃ入れにしています。使いすぎてボロボロだけど、愛着があって捨てられません。

出しっぱなしでもサマになるお尻拭き

大理石調デザインがかわいい〈PUPPAPUPO〉のウェットシート。厚手で、手や口にもOK。これを使ったら、もうほかのモノは使えません。

おむつポーチもセンスよく

おむつとお尻拭きが一緒に入る、〈tonto〉のレザー素材のおむつポーチ。スマホやお財布、鍵なども入るので、これだけでお出かけできて便利。

Kitchen

キッチン

モノが多いからこそトーンを揃える

キッチンもほかの部屋づくりと考え方は同じで、色のトーンを揃えることを頭に入れて、モノ選びをしています。今までは黒いフライパンを使っていましたが、2年前に韓国の人気ブランド〈FIKA〉の白いフライパンを発見。「かわいすぎ!」とその色みや形、使いやすさに惚れて集め出しました。キッチンもパントリーも実用的なのはもちろんですが、好みの道具や雑貨を置いたり、おしゃれに料理撮影ができるようにしています。この場所をいちばん使う自分自身が、楽しくいられることを大切に日々整えています。

目に入るモノはすべて気分の上がるアイテムに

「キッチンをより好きな空間にすること」を目標に、目に入るモノはすべて気分の上がるカラーやアイテムでまとめ、〝見せる収納〟を意識しています。これは完全に、自分の家事のモチベーションやテンションを上げたり、維持するため。キッチンは消耗品が多いけれど、納得する好きなモノを集めたことで、大切にでき、ずっと長く使えるようになりました。キッチングッズを選ぶときは、使い勝手はもちろんだけど〝出しっぱなしでもかわいい〟がわたしの中での決め手です！

白やくすみカラーのキッチングッズ

白いフライパンをはじめ、くすみカラーのまな板やミトン、ベージュ系のふきん、保冷缶ホルダーまで、とにかく色にこだわります。使っても、出しておいてもキュンとくることが大事です。

毎日使う器類は飾るように置く

収納棚に入りきらないという理由もありますが、毎日メインで使うかわいい器はインテリアのように飾って収納しています。出すときも片付けもラクで、かなりの時短になりました！

見える棚にはしゃれた雑貨を

映える米びつやテーブルランプ、レトロなスピーカー、ログスツールなどが特にお気に入り。いつでもかわいい写真が撮れるようにしておくことで、仕事もはかどるし、わたし自身のメンタルも安定します。

1. インテリアを美しく見せてくれる、〈ルイスポールセン〉のパンテラテーブルランプ。 2. 天然チーク無垢材で彫られた一点ものの〈ANTRY〉ログスツール。ひと息つきたいときに、この椅子に座ってます。

白＆くすみカラーの
キッチンの愛用品

〈FIKA〉のフライパン

韓国ブランドの〈FIKA〉が推し。かわいいうえに、セラミック加工でくっつきにくく焦げつきもしません。スクエアフライパンが使いやすく、p.70で紹介したレタス豚肉巻きもこれで作りました。

〈CAROTE〉の
フライパンセット

フォロワーさんに教えてもらった〈CAROTE〉は16点セットが１万円ちょっとで買えて、リーズナブル。コスパがとてもよいので、新生活で一気に揃えたい人にもおすすめです！

〈FUJIHORO〉の揚げ鍋

コンパクトでパントリーにしまいやすく、カラーもかわいい。蓋がバットなのもポイント。6人家族には少し小さいけれど、わたしのモチベーションを保ってくれるホーロー鍋です。

水切りラック

グラスやマグカップ、子どもたちの水筒などを乾かすときに重宝しているボトルスタンド。スリムですが、2段式なのでたくさん干せて便利です。

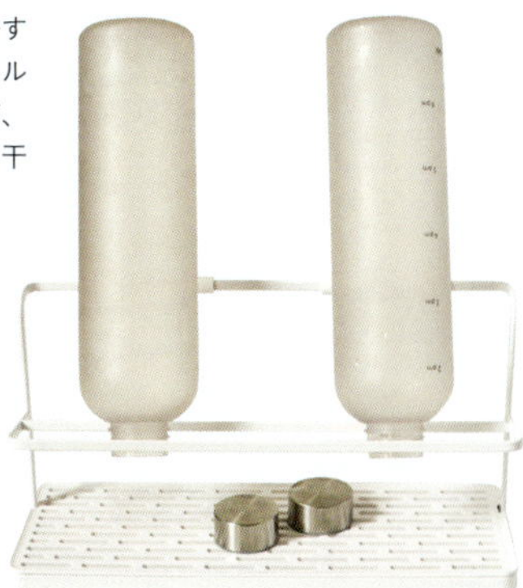

〈京童工房〉のD型抗菌まな板

滑らないし、収納しやすいまな板。わたしはベージュ、グレー、ブラックの3枚を持っていて食材ごとに使い分けています。薄くて軽いし、刃あたりもよいのでとても使いやすい！

〈ferm LIVING〉のミトン

デンマーク発のインテリア雑貨を扱う〈ferm LIVING〉。残念ながらもう販売していないようですが、ずっと使い続けているお気に入り。壁に掛けて出しっぱなしにしても絵になります。

マグネットフック

鍋敷きや台ふきんをかけています。キッチンに合うよう白を購入しました。3姉妹のお手伝い欲が高まるとふきんの取り合いになるので、ふきんとフックは多めに置いています！（笑）

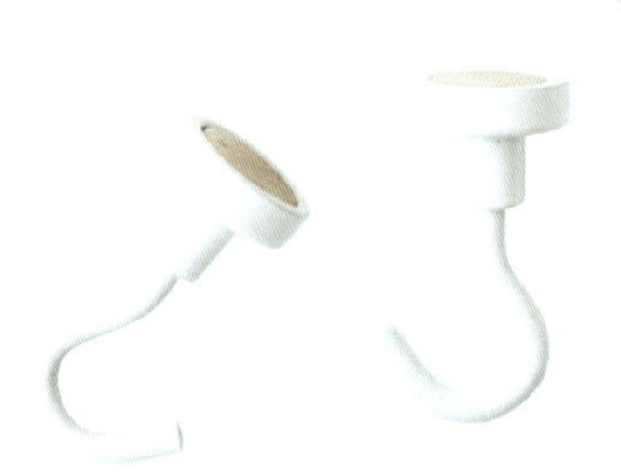

〈PAFOR〉のオイルスプレー

油の量をコントロールできるから「入れすぎちゃった！」が防げるし、液ダレもしません。誰にでも使いやすく、子どもたちが朝食の卵焼きを上手に焼いてくれるようになりました。

木の卵ホルダー

消費が早く、キッチンに常温で置きっぱなしにしている卵。パックのままだと味気ないので、木のホルダーに移し替えて使っています。あたたかみがあり、キッチンが華やかになります。

〈杉山金属〉の解凍皿

急速解凍や粗熱取りに役立つ解凍皿は、せっかちなわたしにぴったり。ホワイトの色みが気に入っています。ホタテやサバなど冷凍ストックを多用するのでわが家では必需品です。

〈@ttara〉の油汚れクロス

マイクロファイバーの台ふきんは、洗剤を使わなくても水だけでサッと汚れが落とせる優れもの。壁にかけても映えるデザインです。お得な時期にまとめて購入しています。

〈サンサンスポンジ〉の食器スポンジ

いつ取り替えたのか記憶にないぐらいへたりにくい。わたしが交換しないと夫はずっと使い続けそう！（笑） 圧縮された状態で届くから収納場所をとらないし、すぐ乾いてカビないのも◎。

ガラスの米びつ

〈LUNA FASHION〉で購入。置くだけでお米がかわいく見える米びつには、白米と玄米をミックスして入れています。子どもたちも簡単に扱えるので、炊飯のお手伝い頻度が上がりました。

〈シービージャパン〉の缶ホルダー

寝かしつけが終わった後にノンアルコールのビール＆レモンサワーで乾杯するときのお供。色が好きで愛用しています。真空二層構造でずっと変わらず冷たく美味しい。保温もできます。

〈ジョージ・ジェンセン・ダマスク〉のティータオル

洗った食器はこのタオルの上に置いています。コットン素材の生地がしっかり吸水してくれるので、食器の多いわが家には欠かせないアイテム。8枚を都度洗って使いまわしています。

4人目が生まれて リノベ&増築しました！

会社を設立後、すぐに夫へ増築の提案をしました。当時は貯蓄状況や予算で折り合いがつかず泣く泣く諦めることに。その後、仕事が軌道にのってきた頃合いを見て、地元宮崎でおしゃれな空間をつくられている、建築設計事務所〈Atelier bono〉さんに相談しました。ウッドデッキを仕事スペースにし、その上には屋上テラスを増築。吹き抜け部分を埋めて、寝室をつくり、ウォークインクローゼットを拡張し、壁紙は白に変更。かかった費用は総額1200万円。家族のため頑張って働こう！と夫婦で意気込んでいます。

こだわったところ

Before

After

1／思い切って吹き抜け部分をふさぐ

気に入っていた吹き抜けですが、唯一のデメリットは音が響くこと。不眠症のわたしには相性が悪かったので、長男誕生を機に、吹き抜け部分をふさぎ、寝室をつくりました。全部ふさがず、2階の光が入るようにしたのもポイント。

2／パントリーをつくってキッチン収納拡大

食材やストック品で溢れ出したキッチン。窓をなくし、外のウッドデッキをつぶして小さなパントリーをつくりました。狭くても棚をたくさんつけたので収納力は抜群。見せる収納にするため、入り口にドアは付けませんでした。

3/

壁紙は白を基調に

リビングはブルーグレーの壁でしたが、白を基調にした壁紙に貼り替えました。それだけで部屋が広々見えて大満足。ベージュ系に近い色みなので、光がやさしくまわり、日常で撮る写真がかわいくなりました。

4/

ウッドデッキスペースは丸ごと仕事部屋に

わたしの仕事は主に、商品の企画や撮影、動画編集なので、にぎやかな小学生組が帰宅すると集中することが難しくなっていました。そこで、外のウッドデッキ部分に撮影ができる仕事部屋を増築。光がしっかり入るように窓の位置は高めです。

5/

2階にバルコニーを増築

スポーツが大好きな夫と陸上を頑張る3姉妹が運動できるように、仕事部屋の2階は広いバルコニーにしました。もちろんかわいく商品撮影ができるように、照明や塗装はわたし好みに。布団や洗濯ものも干しやすい！

わが家の間取り図

1F

Before

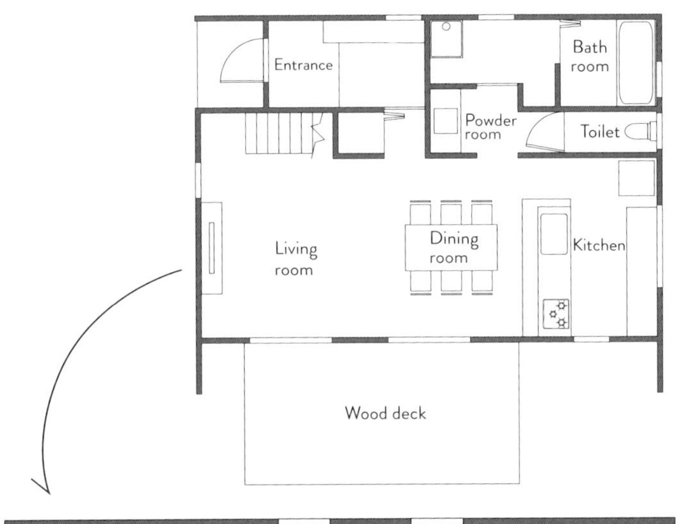

After

外にあったウッドデッキ部分をすべてなくし、パントリーと仕事部屋を増築しました。部屋の奥にはしっかり収納できる、ウォークインクローゼットも完備。

空間が広がり
家族の笑顔が増えました

住みながらの増築は、あらかじめ作業工程や日程を聞いて、作業スペースを片付けて対応しました。大規模に作業するときは、1泊ほどホテルや実家に行くこともありました。

増築から半年経ちますが、「最高！」が家族みんなの素直な感想です。マイホームに6年住んで、気づいた修正部分を詰め込んだので、今の時点では改善したいところは見つかりません。子どもたちが在宅中でも、オンラインミーティングができるスペースができ、スケジュール管理もしやすくなりました。仕事もスムーズに進み、家族の笑顔が増えたことが素直にうれしいです。

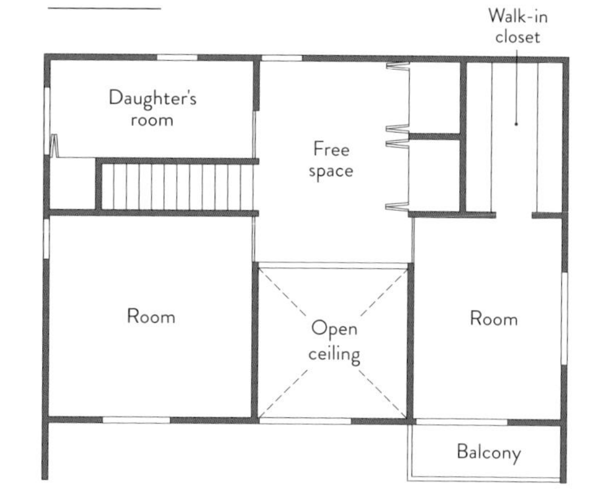

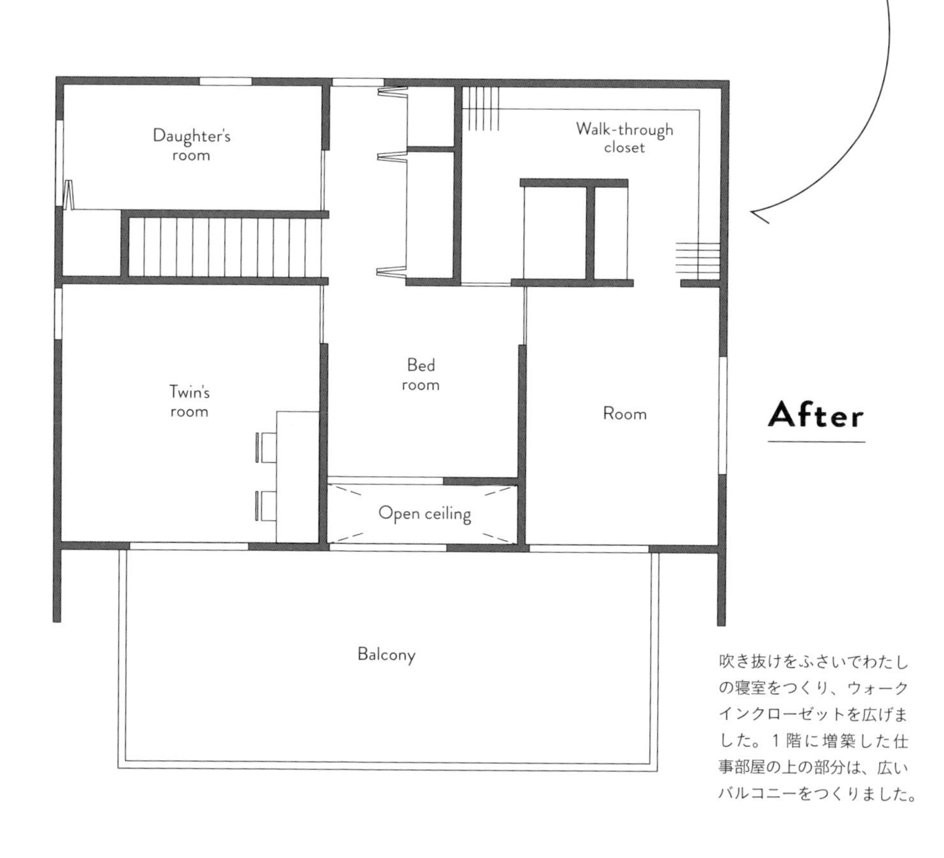

吹き抜けをふさいでわたしの寝室をつくり、ウォークインクローゼットを広げました。1階に増築した仕事部屋の上の部分は、広いバルコニーをつくりました。

Chapter 2

素早く、
栄養たっぷり！
わが家のごはん

家での晩ごはんを楽しい時間に

中学生のように食欲旺盛な夫と、陸上競技を週4で頑張っている3姉妹、そして偏食2歳児の食事に毎日奮闘しています。体調管理で大事にしているのは、菌を避けるのではなく、毎日のごはんで栄養をしっかり摂り、運動して自己免疫を上げることと。そのおかげか、わが家はここ1年風邪をひかず、みんな元気に過ごせています。いつも仕事は18時に終えるので、そこからの夕食作りはスピードが勝負。大人数の料理を作りながら、同時ににぎやかな子どもたちと会話をしたり、料理動画を撮ることもあるのでわりとドタバタ。だからこそ、「40～50分で作る」、「同じ器を使う」、「お盆にまとめる」など目標やルールを決めて、楽しみながら時短につなげています。キッチンに立ちながら、美味しく食べる家族の姿を眺めるのが、わたしのいちばん幸せな時間です。

毎日同じ器を使って「迷い」を減らす

昔は結婚式の引き出物や100円均一の器などを使っていて、あまり統一感がなかったけれど、長崎・波佐見焼の〈HASAMI PORCELAIN〉に出合ってからは「メインで使う器はこれ！」と決めました。ポンと置いてもかわいいし、丈夫で重ねてもしまえる。そして、どんな料理でも美味しくおしゃれに見せてくれるんです。同じブランドで揃えたので、作る料理のジャンルや量が違っても、「今日はどれを使おう？」なんて、器選びに迷うことがなくなり、その分、料理作りに時間をかけられるようになりました。

わが家にある器たち

〈 HASAMI PORCELAIN 〉

料理を引き立てるシンプルで洗練されたデザイン。そして、ニュアンスのあるカラー、積み重ねられることと、わたしの好みが詰まった究極の器ブランドです。

〈 Seria 〉

〈Seria〉のごはん茶碗は、子どもが落としても割れない素材なので重宝しています。ガラスのカップは、キャロットラペなどの彩りがきれいな料理に使用。

〈 いっちゃんストア 〉

忙しい朝は、〈いっちゃんストア〉のワンプレートが便利。仕切りがあるので、子どもたちが自分でフルーツやサラダを分けて使っています。

〈 イイホシユミコ 〉

器に対する欲がないわたしが、初めて興味を持つきっかけになったのがこちら。料理を引き立ててくれるので、来客用として大切に使っています。

1枚のお盆に
ぎゅっと詰め込む

誰がどのくらいの量を食べたか確認したいので、小鉢に盛り、お盆１枚にまとめています。洗い物は少し大変ですが、片付けがラクだし、テーブルが汚れなくておすすめです！

〈 grano 〉

樹脂製で軽くて割れにくく、つぶつぶデザインがかわいいハンドメイドの器。こちらも朝食用に。電子レンジ、食洗機もＯＫでとても扱いやすいです。

朝はちゃちゃっと簡単に！

4人の子どもたちを送り出すまで、朝はとにかく忙しい。だから朝食はお盆にまとめずに、ドーンと出すことが多いです。前夜に作ったお味噌汁をあたためて飲んだりと基本は和食で、パンは週1回程度。わたしは不眠症なのですが、朝方にかけていちばんよく眠れます。家族もそのことを理解してくれているので、夫が夕食の残り物を出したり、フルーツを切って手伝ってくれます。最近は3姉妹が卵焼きを作ったり、ヨーグルトにグラノーラやフルーツをトッピングして楽しんでいるようです。

Morning

この日の朝食は、おむすび、卵焼き、ウィンナー、そしてヨーグルト＆グラノーラ。おむすびは〈grano〉の器に、ドーンとのせています。

Dinner

夕食はお盆1枚にまとめ、カウンターに並べています。子どもたちが運びやすいので、お手伝いをしてくれるようになりました。

夜はしっかり！スピード勝負

月、水、金曜は3姉妹の陸上競技の日なので、その日の晩ごはんは〝たんぱく質多め〟を意識して作っています。陸上でカラダはダメージを受けているので、「栄養をしっかり摂ってリカバリーしないと、練習の効果が半減する」とコーチに言われたことを大切にしています。夕食時はみんなで今日のできごとなどいろんな話をするのですが、会話のなかでこれはすごい！と思ったら、「〇〇ちゃんに拍手!!」と誰かが声掛けして、全員で拍手をするというセレブレーションがあります（笑）。

美味しく見せてくれる彩りのある副菜

毎日のごはん作りで意識していることは、栄養と彩り。メイン料理に加えて、彩りのある副菜を2、3品作ってバランスを考えています。以前は、空いた時間に〝作り置き〟をしていましたが、仕事がパンパンで諦めました。今はメインも副菜もその都度作るので、さっとできることが重要に。レモンとネギがあればそれなりに美味しそうに見えるので(笑)、必ず冷蔵庫にストックしています。「このごはんイヤだー」と言われることもありますが、「まず食べてみてん！　ひと口食べて無理やったら残していいよ」と、食わず嫌い撲滅活動に励んでいます。

お茶
みんなが大好きな麦茶は必ず一緒に。

副菜2、3品
あえるだけ、焼くだけなどの簡単副菜。

季節のフルーツ
サラダやヨーグルトに入れたりも。

白飯
ハチミツ梅干しをのせると喜ばれます。

メイン
鶏肉やサバを使うことが多いメイン。

汁物
和食に合うので、お味噌汁が多めです。

キャロットラペ

材料（4人分）

人参（細切り）… 大きめ2本
好みのフルーツ（小さめに切る）
… 適量
オリーブオイル … 大さじ2
塩 … 小さじ1/3
はちみつ … 大さじ2
白ワインビネガー … 大さじ2

作り方

1 ボウルに材料をすべて入れ、よくあえる。

MEMO

人参は最初に塩もみをしてから、しっかり水気を切っておくと、味が馴染んで美味しさアップ。はちみつはマヌカハニーを使ってます。

紫キャベツのマリネ

材料（4人分）

紫キャベツ（細切り）
… 1/3個（400gほど）
オリーブオイル … 大さじ4
塩 … 小さじ1/2
砂糖 … 大さじ1
酢 … 大さじ2

作り方

1 ボウルに材料をすべて入れ、よくあえる。

MEMO

キャベツはいつもスライサー（p.77で紹介）で細かくスライス。キャロットラペの人参同様に、キャベツも最初に塩もみ＋水切りを忘れずに。

Red

トマトとクリームチーズのマリネ

材料（4人分）

トマト（食べやすく切る）… 2個
クリームチーズ（食べやすいサイズにする）… 50g
レモン汁 … 大さじ1
オリーブオイル … 大さじ3
白ワインビネガー … 大さじ3

作り方

1 ボウルに材料をすべて入れ、よくあえる。

MEMO

黒こしょうやスパイス、オリゴ糖シロップをお好みでかけて。チーズは、モッツァレラやカッテージなどもおすすめです。

ミニ冷や奴

Yellow

White

材料（1人分）

豆腐 … ひと口サイズ1個
レモン（薄く輪切りして、1/4の大きさに切る）… 少量
サクサクしょうゆアーモンド … 小さじ1/2

作り方

1 豆腐の上に、サクサクしょうゆアーモンドとレモンをのせる。

MEMO

豆腐には、子どもたちが好きなものをのせています。サクサクしょうゆアーモンド（p.79で紹介）やキムチ、じゃこ、鰹節が人気！

Green

お好みの野菜で
作ってみてね！

Red

野菜の オーブン焼き

材料（4人分）

トマト（1㎝に輪切り）… 3個
ズッキーニ（1㎝に輪切り）… 1本
マッシュルーム（薄切り）… 5個
溶けるスライスチーズ … 適量
オリーブオイル … 大さじ3
塩・黒こしょう … 適量
タイム … 適量

作り方

1 野菜にチーズとマッシュルームをのせ、塩・黒こしょうを軽くふりタイムを散らす。
2 オリーブオイルをかけて、180℃のオーブンで20分間焼く。

MEMO

切って並べてのせるだけと簡単！　オーブントースターで完結するので、同時に何品か作りたいときや、時間がないときによく作ります。

オーブンシートを敷き材料をのせて、オーブンで焼くだけのほっとく料理。ナスやキャベツ、きのこなども美味しいのでおすすめ。

Yellow

Green

レモンとホタテのカルパッチョ

材料（4人分）

ホタテ（半分にスライスする）… 8個
レモン（薄く輪切り）… 1/2個
オリーブオイル … 大さじ3
ブロッコリースプラウト … 適量
塩・黒こしょう … 適量

作り方

1 器にレモンを並べ、ホタテを重ねてブロッコリースプラウトを散らす。全体にオリーブオイルを回しかけたら、塩・黒こしょうをしっかりふる。

MEMO

食べる直前まで、冷蔵庫でよく冷やしておきます。大きめの平皿に並べれば、来客のおもてなし料理にもなりますよ。

グリーンサラダ

材料（1人分）

フリルレタス（手で食べやすくちぎる）
… お好みで
ミニトマト（くし切り）… 1個
お好みのフルーツ … 適量
オリーブオイル … 適量
塩 … 適量

作り方

1 器に盛り、オリーブオイルをかけて塩をふる。

MEMO

食卓の彩り柱の野菜！ いつもそのときに安かった葉野菜やフルーツを入れて作っています。葉野菜は水をしっかり切ることが大事。

Green

Red

時短料理のお助けは冷凍サバ

食材が足りないときや、時間がない日は特に頼りになる冷凍食品。いつもネットでまとめ買いをしていますが、なかでも必ず買うのは、冷凍サバ。〝無塩で骨なし〟というところが、わたしの魚の常識を変えてくれ、魚料理が大幅にラクになりました。頻繁に使うので、子どもたちの魚に対する抵抗もなくなり、笑顔で食べてくれたときは心の中でガッツポーズ！ 週末のジャンクフードにも寛容になれちゃいます。そしてなにより、夫が毎回「今まで食べたサバで、いちばんうまいわ！」と無邪気に褒めてくれるので、いつもごはんを頑張って作れています（笑）。

冷凍庫収納

冷凍庫には常に冷凍食品でいっぱいですが、6人家族なのですぐに使い切ってしまいます。切り身のサバや冷凍ハンバーグ、馬刺しなどがわが家の一軍冷凍食材です。

ポイントが貯まりやすい楽天お買い物マラソンやスーパーSALEなど、お得な時期を狙って購入。❶イチオシは、北海道別海町ふるさと納税品〈無塩骨取りサバ〉。❷〈豚職人工房 ぶぅーぶー〉の無添加ハンバーグは、子どもたちでも簡単に焼けます。❸時間がないときの救世主、〈子どもようおさかなさん〉のさんま生姜煮。湯煎タイプ。❹青森県産〈つくね芋入りとろろ〉は、とろろサバ丼（p.61参照）で使用。❺北海道オホーツク産〈大粒ホタテ〉は、ふるさと納税品。❻〈一龍堂〉の海老餃子は、海老がプリップリ。

お助け冷凍食品

冷凍サバを使ったレシピ

地元の宮崎県はうなぎが有名なので、うなぎのタレをアレンジしたサバ丼を作りました。成功の秘訣は、サバの皮をパリパリに焼くこと。

とろろサバ丼

材料（4人分）

冷凍サバ
（食べやすいサイズに切る）… 4枚
片栗粉 … 大さじ4
白飯 … お好みで
とろろ … 160g
薬味（小口切りの万能ネギ、
刻み海苔など）
油 … 適量
A | うなぎのタレ … 大さじ3
水 … 大さじ3
酒 … 大さじ1

作り方

1 サバは解凍して、キッチンペーパーで水気をよく取り、片栗粉をまぶす。

2 油を鍋に入れて中火に熱し、サバを揚げ焼きする。Aを混ぜ合わせ、油を拭いた鍋に入れてサバと煮絡める。

3 器に白飯を盛り、2をのせたら上からとろろと薬味をかける。

完成！

※うなぎのタレは、醤油、酒、みりん（各大さじ3）、砂糖（大さじ2）を混ぜてレンジで1分チンしたものでも代用可。

サバのチーズ春巻き

冷凍サバを使ったレシピ

大人はポン酢マヨダレに、一味を混ぜるとさらに美味！　サバは半解凍でOKです。

材料（4人分）

冷凍サバ（食べやすいサイズに切る）… 3枚
塩 … 少し
春巻きの皮 … 10枚
大葉 … 10枚
スライスチーズ … 5枚
揚げ油 … 適量
〈タレ〉
A　ポン酢 … 大さじ1
　　マヨネーズ … 大さじ1
　　白ごま … 大さじ1

作り方

1. サバに軽く塩を振り、少し経ったらキッチンペーパーで水気をしっかり取る。
2. 春巻きの皮は角を手前にして広げ、大葉、チーズ、サバの順に重ねてから巻く。
3. 鍋に揚げ油を入れ、180℃に熱して **2** を5分ほど揚げる。**A** をよく混ぜ合わせたタレをつけて食べて。

サバの竜田揚げ

材料（4人分）

冷凍サバ（食べやすいサイズに切る）… 4枚
醤油 … 大さじ3
酒 … 大さじ3
しょうが（すりおろす）… 大さじ1/2
片栗粉 … 150g
揚げ油 … 適量

作り方

1 ボウルに醤油、酒、しょうがを入れ、半解凍したサバを10分間漬け込む。
2 鍋に揚げ油を入れ、180℃に熱して、片栗粉をまぶした **1** をカラリと揚げる。

片栗粉はケチらずたっぷりまぶすこと。カリッとジューシーに仕上がり、やみつきになります。

サバのレモンバター焼き

材料（4人分）

冷凍サバ … 4枚
片栗粉 … 少々
バター … 40g
醤油 … 大さじ1
レモン（半分は輪切り、
半分はレモン汁用）… 1個

作り方

1 解凍したサバをキッチンペーパーで水気を取り、片栗粉を両面にまぶす。
2 フライパンにバターを入れて溶かし、サバを両面カリッと焼いたら一旦取り出す。
3 **2** に醤油、レモン汁を入れ、余熱で混ぜ合わせてソースを作る。サバをフライパンに戻してソースを絡め、スライスレモンをのせて。

サバは、先に皮を下にしてから両面をしっかり焼くこと。残ったソースは仕上げにかけて。

食材の買い出しは1週間で1万6千円

週1回の買い物で、その週をのりきることを目標にしているので、冷凍食品を使ったりして買い足しをしないように頑張っています。買い物時のマイルールは、〝300円以上の野菜は買わない〟。だけど旬の野菜は積極的に取り入れたいので、お手頃に買える近所の直売所まで調達しに行きます。陸上を頑張る3姉妹のため、たんぱく質を摂取できる豆腐、鶏肉、納豆などが多いので、比較的リーズナブルに購入できて金額が抑えられています。お菓子については、自分のお小遣いで買ったり、祖父母がくれるので、わが家で買うときは遠出時のコンビニくらいです。

必ず購入するものは、〈小岩井乳業〉の生乳100％ヨーグルト、納豆、木綿豆腐、油揚げ、牛乳、卵、フルーツ。そして自分用のノンアルのレモンサワーもマスト！　あまり高いものは買いませんが、シャインマスカットやデラウェア、桃など旬のフルーツは例外です。

ある1週間の晩ごはん

1週間の食材を使った料理ですが、ストックしてある冷凍食品も使って、栄養を考えながらその日の気分で作っています。

Thu

さっと作れる麻婆豆腐

子どもたちも食べられるよう、辛くない味付けです。お野菜は豚汁にたっぷり入れて。

Fri

陸上の日はレタスの豚肉巻き

運動後はたんぱく質を摂ってカラダを整えます。豚肉は代謝を助けるビタミンB1が豊富。

Mon

子どもに人気のチキン南蛮

宮崎といえば、チキン南蛮。わが家ではソースなしでアレンジしています。

Sat

大好きなとろろサバ丼

サバ料理は家族みんなが大好き。アレンジもしやすいので週1回は作っているかも!?

Tue

義父母の家で晩ごはん

週に1回(火曜か木曜の夜)は、車で15分のところに住んでいる義父母宅がお決まり。

Sun

たまの外食はスシロー

外食の頻度は月1～2回ほど。よく行く場所は家族みんなが大好きなスシローです。

Wed

とろろ蕎麦でさっぱり

陸上がある水曜日は、蕎麦やパスタなどの麺類＋たんぱく質で効率よくカラダをリカバリー。

チキン南蛮

材料（4人分）

鶏もも肉（ひと口大に切る）
　…2枚
塩・こしょう…適量
薄力粉…50g
卵…2個
揚げ油…適量
〈南蛮酢〉
A | 醤油…大さじ5
　砂糖…大さじ7
　酢…大さじ6
レモン…半分

作り方

1 鶏肉に塩・こしょうをふる。薄力粉、溶いた卵の順に絡め、180℃に熱した揚げ油でカラリと揚げる。

2 **A**の材料をすべて鍋に入れ、軽く火にかけてレモンを搾って南蛮酢を作る。**1**をしっかり浸けて完成。

「タルタルソースはかけません！」が、わが家流。美味しい南蛮酢をつけて食べるから、余分な脂質もカットできますよ。

サバのチュモッパ

材料（4人分）

白飯 … 2合分
骨なし冷凍サバ（グリルで焼いて細かくほぐす）… 2枚
マヨネーズ … 大さじ2
ごま油 … 大さじ2
韓国のり（フレークタイプ）… 適量
たくあん（細かく刻む）… 150g
炒りごま … 大さじ2

作り方

1 炊きたての白飯に、材料をすべて混ぜ込み、丸く握る。

握りこぶしのように丸めた韓国のチュモッパ（＝おにぎり）。冷めても美味しい！

キャベツのチーズステーキ

材料（4人分）

キャベツ（縦に3cmの厚さで切る）… 1/2個
オリーブオイル … 大さじ2
バター … 10g
にんにくチューブ … 小さじ1
チェダーチーズ … 適量
黒こしょう … 適量

作り方

1 フライパンにオリーブオイルをひき、バターを溶かしたらキャベツを焼いて、片面ににんにくをまんべんなく塗る。
2 蓋をして3分ほど蒸し焼きにしたら、裏返してチーズをのせ、また蒸し焼きに。器に盛り、残ったソースを上からかける。お好みで黒こしょうをふる。

キャベツは芯を残したままカットし、あまり動かさずに両面にしっかり焼き目をつけて。

使う鶏肉は、歯応えがある親鶏がおすすめ。
気分によって、うどんや素麺に替えてます。

鶏塩レモンスープヌードル

材料（2人分）

ZENBヌードル 細麺
（パスタでも可）… 2人前
鶏肉（食べやすいサイズに切る）… 50g
油 … 適量
レモン（薄く輪切り）… 4枚
薬味（小口切りの万能ネギ、
せん切りのみょうがなど）
ごま油 … 適量
黒こしょう … 適量

〈鶏塩レモンスープ〉

A
- 水 … 600㎖
- 鶏がらスープの素 … 大さじ1
- レモン汁 … 大さじ1
- 白だし（2倍濃縮タイプ）… 大さじ1
- 醤油 … 大さじ1
- 塩 … ひとつまみ

作り方

1 フライパンに油をひき、鶏肉を皮から焼いて両面にしっかり火を通す。

2 麺を規定通りに茹でる間に、鍋に**A**を入れて火をかけ、鶏塩レモンスープを作る。

3 器に**2**のスープを注ぎ、麺を入れて、鶏肉、レモン、薬味を盛る。ごま油を軽く回しかけて、黒こしょうをふる。

小麦を抜きたいときはZENBヌードルに！

黄えんどう豆でできた、グルテンフリー麺。美味しくてたんぱく質もしっかり摂れるので、わが家はZENBヌードルで作っています。豆っぽさを取るため、茹でた後はしっかりぬるま湯で洗うのが美味しくなるコツ！

フライパンひとつで簡単にできるので、忙しい日のランチに。塩は〈ろく助塩〉がおすすめ。

タコと大葉の和風ペペロンチーノ

材料（2人分）

ZENBヌードル 丸麺（パスタでも可）… 2人前
刺身用タコ …150g
オリーブオイル … 大さじ3
にんにく（みじん切り）…1片
鷹の爪（種を取ってみじん切り）…1本
白だし（凝縮タイプ）… 大さじ1/2
水 … 400mℓ
塩 … 小さじ1/2
薬味（細かく刻んだ大葉やせん切りのみょうが）

作り方

1 フライパンにオリーブオイルをひき、弱火でにんにくと鷹の爪を入れて香りを出す。
2 白だしとタコを入れ、20秒ほどサッと炒めてタコを一旦取り出す。
3 2に水、塩、麺を入れ、規定通りに茹でる。タコと薬味を入れてよくあえる。

ホタテと梅のヘルシー麺

ホタテにしっかり焼き目をつけると、バターの香ばしさがアップして美味しく仕上がります。

材料（2人分）

ZENBヌードル 細麺（素麺でも可）…2人前
ホタテ … 大4個
バター…10g
醤油 … 大さじ1
梅干し（細かく刻む）…2個
麺つゆストレート …100mℓ
薬味（せん切りのみょうがや大葉など）… 適量

作り方

1 フライパンにバターを入れ、ホタテを焼いて、醤油を回しかける。
2 麺を規定通りに茹でたら冷水でよく冷やし、しっかり水を切って器に盛る。1、梅干し、薬味をのせて麺つゆをかける。

レタスのシャキシャキ感を残したいので、
豚肉は焼きすぎないように。ニラだれは、
豆腐やナス丼にかけたりと万能です！

レタス豚肉巻きのニラだれがけ

材料（4人分）

レタス …1個
豚ロース肉 …300g
薄力粉 … 大さじ5
ニラだれ … 適量

作り方

1 丸めたレタスを豚肉でくるみ、薄力粉を軽くまぶして焼く。

2 ニラだれをかける。

完成！

便利なニラだれ

材料

ニラ（みじん切り）…1束
醤油…大さじ4
酢…大さじ1
砂糖…大さじ1
鶏がらスープの素…小さじ1
ごま油…大さじ1
にんにくチューブ…2〜3cm分
すりごま…大さじ1

作り方

1 材料すべてをよく混ぜる。

ニラだれナス丼

材料（4人分）

ナス（縦に半分に切る）…4本
白飯 … お好みで
ニラだれ … 適量
糸切り唐辛子 … 適量
（なくても可）

作り方

1 ナスの表面に格子状に切り込みを入れ、魚焼きグリルで中火で10分間焼く。

2 どんぶりに白飯を盛り、**1**をのせてニラだれをかける。お好みで糸切り唐辛子をのせて。

ナスはしっかり切り込みを入れると、味が馴染んでジューシーに仕上がります。ニラだれをたっぷりかけて召し上がれ。

完成！

サバの冷や汁

わが家の定番人気レシピ

使う味噌はトースターで５分焼くとより香ばしくなり本格的に。きゅうり農家で育ったわたしの特製冷や汁レシピです。

材料（４人分）

きゅうり（薄切り）…２本
塩…少し
豆腐…半丁
サバ（骨取り無塩タイプ）
…１切れ
みょうが（せん切り）
…２本
大葉（せん切り）…６枚
すりごま…大さじ２
白飯…お好みで

〈ダシ汁〉

A
ダシ合わせ味噌
…大さじ５
砂糖…小さじ１
醤油…小さじ１
粉末ダシ
…小さじ２
冷水…600㎖

作り方

1 きゅうりは塩をふって少しおき、水気を切る。豆腐はキッチンペーパーでしっかり水気を切り、手でちぎる。サバを魚焼きグリルで中火で10分間焼き、細かくほぐす。

2 ボウルに**A**の材料を混ぜ、少しずつ水でのばしてダシ汁を作る。**1**、みょうが、大葉、すりごまを入れて混ぜる。

3 器に白飯を盛り、**2**をかけて完成。

もっちもち油淋鶏（ユーリンチー）

ライスペーパーで作る、揚げない油淋鶏。せいろで蒸せば、さらにもっちもち＆ヘルシーになります！

材料（4人分）

ライスペーパー …10枚
鶏胸肉（2㎝幅に切る） …1枚
ナチュラルチーズ …50g
片栗粉 … 大さじ1
塩昆布 … ひとつまみ
ごま油 … 大さじ1
塩 … ひとつまみ
油 … 適量

〈油淋鶏だれ〉

A
万能ネギ（小口切り） … ひと束
醤油 … 大さじ4
ごま油 … 大さじ2
砂糖 … 小さじ1
酢 … 大さじ1
炒りごま … 大さじ1
一味唐辛子（お好みで）

作り方

1 ボウルに鶏肉、片栗粉、チーズ、塩昆布、ごま油、塩を混ぜ合わせる。

2 ライスペーパーを水にくぐらせて少しやわらかくなったら、1を10等分に分けて包む。フライパンに油をひき、並べて10分ほど蒸し焼きにする。

3 Aをすべて混ぜ合わせて油淋鶏だれを作り、2にかけて完成。

時短料理に欠かせないわたしの特選グッズ

食後の家族団らんタイムをなるべく長く楽しみたいので、料理作りも片付けも、"素早く手際よく"がモットー。その作業を手助けしてくれる料理グッズを、今まで試行錯誤しながら見つけてきました。〈récolte〉のコードレスのフードプロセッサーは、みじん切りが一瞬で終わるし、〈貝印〉のピーラーは切れ味がすごいので皮むきがラクになり、実際に料理のスピードがアップしました。見た目も使い勝手も優秀なおすすめグッズで、みなさんも一緒にラクになりましょ！

〈LOOF〉のスマホスタンド

磁石の力を使ってスマートフォンを固定できるMagSafeという機能に対応し、どこでも付けることができて安定感抜群。伸縮式＆角度も変えやすく、レシピ動画を撮影するときの相棒です。

〈三ッ谷電機〉のヨーグルトメーカー

毎朝食べるヨーグルトは消費量が多いので、3日に1度のペースで使って食費を節約しています。市販の牛乳パックに材料を入れて、時間が経つのを待つだけ。とても簡単にできます。

〈弥生陶園〉の
グリルパン

陶器でできていて、電子レンジや直火にも対応しています。魚焼きグリルに２枚ちょうど入るサイズで、そのまま食卓に出せるかわいさがお気に入り。スリムで重ねて収納できます。

〈récolte〉の
コードレスカッター

コンパクトでかわいいけど、ロックアイスも砕くパワーがあるフードプロセッサー。これなしで料理はできません(笑)。ガラス容器で衛生的だし、コードレスでとても便利！

〈leye〉の
ゆびさきトング

生肉など手が汚れるものや熱いものをつまみたいときに、本当に指先のような手軽さで使えて重宝しています。置くと先端が少し浮いて衛生的に使える仕様になっているのも優秀です。

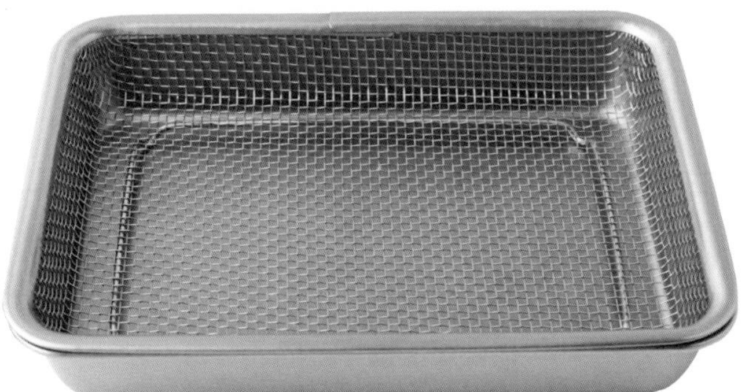

〈無印良品〉の
ステンレスバット＆
ステンレスメッシュトレー

バットとメッシュトレーは別売りでしたが、サイズがぴったりでふたつ合わせて購入しました。少し深めで絶妙なサイズ感が◎。メッシュトレーが油切りに便利で揚げ物用に使っています。

〈TEIJIN〉の
あっちこっち ふきん

洗剤いらずで手に優しい、マイクロファイバーのふきん。しっかり水に濡らして拭くだけで、ムラなくピカピカになります。キッチンだけでなく、いろいろなものを拭くのに使えます。

〈無印良品〉の計量カップ

耐熱ガラスだから熱いお湯を注ぐこともでき、電子レンジでも使えてとても便利。500㎖まで測れます。シンプルなのにフォルムがかわいく、子どもたちでも扱いやすいサイズです。

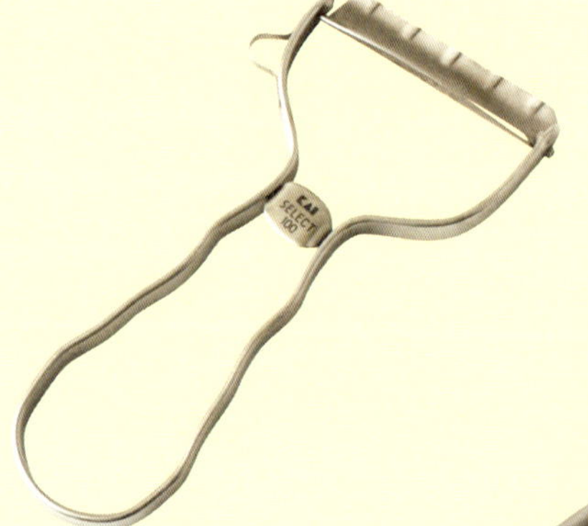

〈貝印〉のT型ピーラー

長く愛用していますが、ステンレス製だから切れ味がまったく衰えません。ひっかからずにスルスル皮がむけてストレスなし。買った当初はその使い心地に感動したのを覚えています。

〈無印良品〉の
ステンレスボール

見た目よりも軽く、底が平らで安定感があります。とても使いやすいので、サイズ違いで４つ揃えました。重ねて収納しやすいように設計されているので、コンパクトに収まるのも◎。

〈貝印〉の細せん切り器＆〈サンクラフト〉のキャベツスライサー

キャロットラペが無限に作れそうなくらいの切れ味の細せん切り器と、お店のふわふわキャベツがいつでも作れるキャベツスライサー。どちらも時短に欠かせないアイテムです。

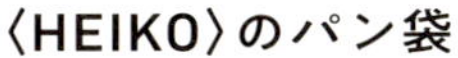

〈HEIKO〉のパン袋

パン袋ですが、SNSで「匂わない袋」と話題になっていて購入しました。わが家では生ゴミやオムツの処理に使っていますが本当ににおいません。大容量でコスパがとてもよいのも魅力。

〈無印良品〉のステンレス計量カップ

200㎖まで測れて、調味料を混ぜたり卵を溶いたりちょっとの調理にも使えます。におい移りを気にせず衛生的に使えるステンレス。取っ手が長いのがとてもよく、壁に吊るしても使えます。

〈北陸アルミニウム〉のアルミバット

軽くてさびにくいアルミ素材。アルマイトという特殊加工で色がゴールドなのが特徴で、料理が映えます。冷蔵庫に入れると早く冷やせるので、キャロットラペなどを作るときに便利です。

常備している調味料＆加工食品

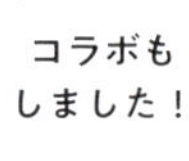

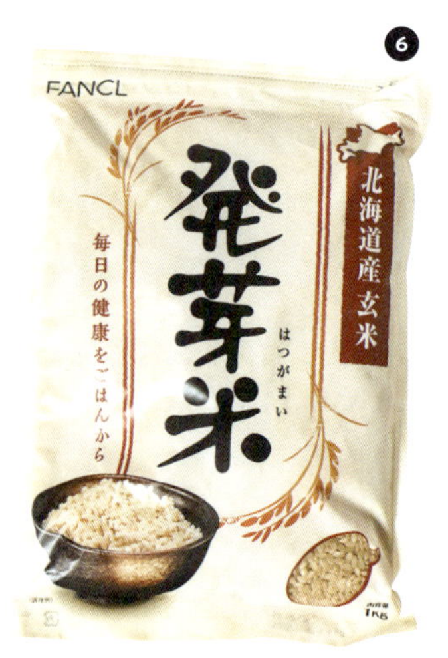

❹ **〈カドヤ〉4種類の素材だしパック＆いわしのふわふわ削り** / ちょっと変わったいわしの削り節は口当たりが軽く、なにに入れても美味しいです。手軽にカルシウムを追加することができます。和風だしパックも同じメーカーのものを愛用しています。

❺ **〈ORYZAE〉の米麹グラノーラ** / 砂糖不使用ですが、米麹の甘さが効いています。いろいろなフレーバーが選べて飽きない美味しさ。アサイーとマンゴー味のhichonコラボ商品を作っていただきました。

❻ **〈ファンケル〉の発芽玄米** / 白米に混ぜて炊くだけで栄養アップ。もちプチの食感でやみつきになる美味しさです。偏食の2歳長男もしっかり食べてくれます。

❶ **〈樽の味〉の幸せのはちみつ梅** / 700gの大容量。塩分控えめ、保存料・甘味料不使用で子どもたちにも安心して食べさせることができます。ごはんにポンとのせるだけで食卓が華やかになりますし、美味しいです。

❷ **〈佐々長醸造〉のつゆ** / 岩手県の老舗の蔵元が作る、4倍濃縮つゆ。ちょっといいお値段なのですが、味がばっちり決まるのでこれ以外使えないくらいハマってしまいました。無添加なのも推しポイント。

❸ **〈鈴木鰹節店〉おかか生姜＆おかか牛肉そぼろ** / 甘辛い味付けで子どもたちも大好きなごはんのお供。常備しておくと安心感があります。ギフトセットもあってお中元やお歳暮で贈ると喜ばれます。

❿〈北かり〉の野菜フレーク / 離乳食としてだけでなく、時短料理にも役立ちます。お湯で溶かすだけでスープやお菓子が簡単に作れ、ちょっとの量がほしいときに便利。

⓫〈無印良品〉のレトルトカレー / どの味も美味しい、大好きなカレー。ついいろいろな種類を揃えています(笑)。晩ごはんの救世主としても活躍しますし、長期保存ができるので、災害時の備蓄としても役立ちます。

⓬〈キッコーマン〉のサクサクしょうゆアーモンド２種＆サクサク塩糀レモンカシューナッツ / あると便利な万能調味料。フリーズドライしょうゆ(塩糀)が使われていてサクサクの食感がたまらない。かけるだけで、普通のサラダがレストランの料理のような見た目に！

❼〈伊藤食品〉あいこちゃん金の鮪油漬け / 子どもたちが爆食べしてくれるツナ缶。たんぱく質を少し足したいときによく登場します。オイル缶ですが、米油を使用していてクセがなくコクのある味わい。

❽〈mogumo〉スープセット / １歳半から食べることができる冷凍幼児食。管理栄養士さん監修で栄養バランスもしっかりしていて味もちゃんと美味しいんです。電子レンジで袋のまま温めるだけと、簡単なのもいい！

❾〈宮田本店〉さしみ醤油 / 宮崎の蔵元のさしみ醤油。とても甘いのが特徴ですが、クセになる美味しさでお刺身だけじゃなく煮物にも使えます。わが家はいつも大きい１ℓサイズを購入しています。

Chapter 3

家族が過ごしやすい暮らしの工夫

子ども4人。だけどすっきり

実は、収納や片付けがとても苦手です。部屋をきれいに整えて、仕事や子育てのモチベーションを保ちたい気持ちはずっとあったけれど、子育てを優先したり、仕事が軌道に乗るまでは使える時間はそこに充てたい、と収納に関しては後回しになっていたのが本当のところ。それに、2018年にこの家を建てたときは広さを重視しすぎて、収納が少ないつくりになってしまい、結果的に家具が増えてしまいました。

リノベーション&増築を機に、改めて収納や片付けについて見直してみることに。みんながいちばん集まるリビングには大きな収納棚を置き、中は細かくケースで分けたり、誰もが片付けやすくなるように名前ラベルをつけました。お出かけ前は、必ずみんなで整頓してからGOするルール決めも。ひとりできれいを保つのは難しいので、「家がきれいだと心が整うよ！」と日々口にして、家族全員で協力するようにしています。

きれいを保つ 収納テク

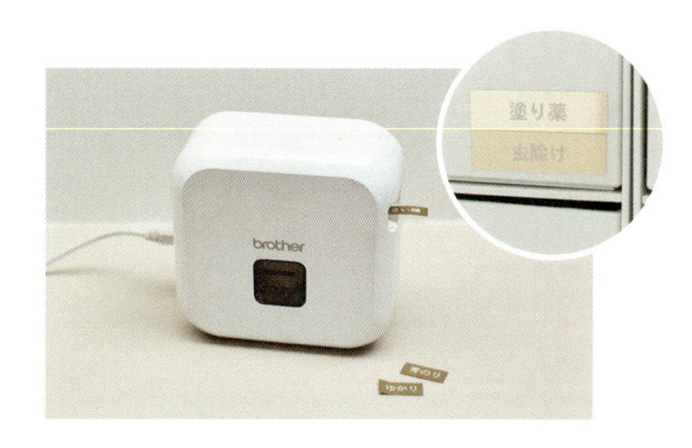

1 名前ラベルを貼って わかりやすく

ラベルで物の住所作り。子どもたちが場所を理解できれば、ドラえもんがポケットを探すみたいに散らかすことはなくなります。ラベルライターは、スマホで簡単に作れる〈brother〉のピータッチキューブ（18・24㎜対応）。

2 余白を作る

アイテムはしっかり場所を決める。その一方で、モノはどうしても増え続けるので、収納箇所にはなんでも入れられる空の場所を数か所作り、とりあえずそこにしまってます。あとは、時間を見つけて定期的に断捨離しています。

3 収納に使うのは ほぼ無印良品

ほかのブランドも試してみましたが、やはり長持ちするし、積み重ねたときの安定感やシリーズ違いで置いても空間が締まるのがいい。無印良品の定番人気ケースは、廃番になる商品が少なく、買い足しできるのも安心。

4 出してもかわいいケース

出し入れして使う収納ケースは、インテリアにも馴染むデザインや色みにしています。真っ白な工具箱は〈東洋スチール〉。2段式で収納力抜群！　茶色の丸いケースは〈ART OF BLACK〉のシェーカーボックスです。

出かける前はみんなで片付けがお約束

普段から子どもたちには、「物事はつながっていて、善い行いは自分によい形で返ってくるし、悪いことも同じだよ」と伝えています。だから、出かける前におもちゃ類を片付けておくと、帰宅後も楽しいことが待っているから頑張ろうと、約束をしました。その都度話し聞かせていたら、部屋が汚いと、ママが片付けに時間を取られて夕飯が遅くなる→自分たちの自由時間が減る→寝る時間も遅くなる。結果、「困るのは自分たちだ！」と子どもなりに悪循環を理解してくれたようで(笑)、今では進んで片付けるようになりました。

優秀なロボット掃除機

吸引、水拭き、自動ゴミ収集、モップの自動洗浄と乾燥までしてくれる、夢のロボット掃除機〈DreameBot L10s Pro Ultra〉。これ1台で床がピカピカに！　毎朝使ってます。

Living room

リビング

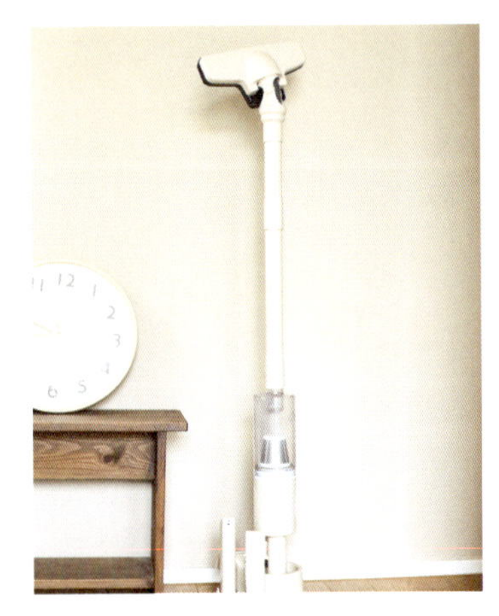

車内と玄関用の掃除機

ハンディタイプにもなる、〈モダンデコ〉の2wayコードレス掃除機。車と玄関の掃除に使っているので、取り出しやすい玄関に置いています。ミルキーベージュの色みがツボ。

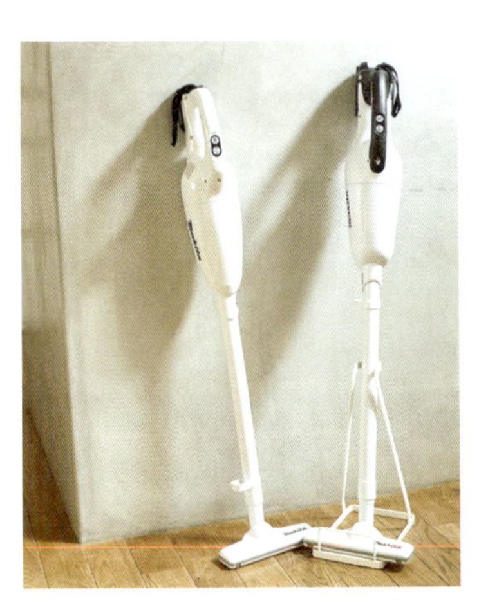

コードレスクリーナーは2台

1階と2階に1台ずつ置いている充電式掃除機は、〈makita〉のLi-ion。業務用として使われているので、間違いないかな〜という勝手な安心感があります！(笑)

おもちゃは

大きめケースに ざっくり片付けてOK

リビングで遊んでいるカードゲーム、手作りカルタ、おもちゃなどを収納。無印良品の蓋付きケースに入れて、これ以上増やさないように管理しています。

２歳の長男はまだ自分で服を選ばないし、気まぐれタイプ。なので、お着替えの気分になったときにすぐかわいい服を着せられるよう、リビングに洋服ダンスを置いています。下段は一軍のおもちゃ。

目指すは夫と子どもが片付けやすい収納

わが家には大掃除をするという概念はなく、日々の積み重ねが大事だとよく話しています。片付けを習慣化させるには、片付けやすい収納づくりが重要。家族がいちばん長くいるリビングの棚は、よく使う文房具やハンコ、爪切り、キズテープ、折り紙などを入れています。Instagramのタグ〝#無印良品〟を参考にしながら、収納ケースを揃え、それぞれ細かく名前ラベルを貼り、片付けやすい収納を完成させました。少し大変でしたが、そのおかげで散らかることがなくなりました。

片付けモチベが上がる収納に

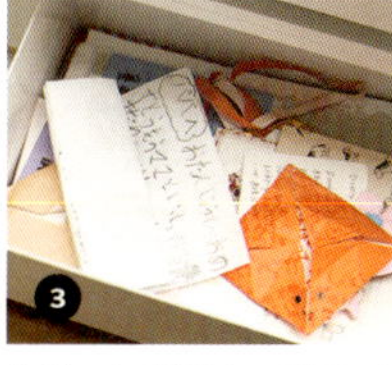

❸ 子どもたちや友人からいただいた手紙は、大切にまとめています。夫は娘の友達からも手紙をもらっていました！（笑）❹ 余白を作るために、空にしています。

❶ 子どもたちが読む本は、リビング側に収納して取りやすく。 ❷ 持ち運びしやすい、無印良品のポリプロピレン収納キャリーボックスには、お絵描き用のペンを。

「取りやすさ」「出しやすさ」で料理の効率を上げる

なかなか時間が取れず、後回しにしていたキッチン収納。書籍の出版決定と同時に、強制的に時間をとって取り組みました。IH台の下には背の高い調味料系をまとめたり、よく使うスパイスや調味料はすべて詰め替え、さらにラベリングも。手際よく作業ができる収納にこだわったら、料理の効率もアップしました。ただ、ラベルの色をかわいさ重視でゴールドにしたら若干光ってしまって、子どもたちに「文字、読みにくくない？」とつっこまれることも。でも、気に入ってるのでよし！(笑)

Kitchen

キッチン

調味料＆調理道具は

手が届く＆すぐ取り出せる場所に

❸〈tower〉の伸縮フライパン＆鍋蓋スタンドで、取り出しやすい"立てる収納"に。 ❹ IH台下は醤油やお酢、油などの背の高い調味料を入れています。

❶ シンク下はよく使う鍋やバット類をさっと取り出せるように。 ❷ スパイスや調味料は〈Tominlee〉のスプーン付き調味料容器に入れ替えています。

器の収納は

使う頻度で しまう場所を決める

上段の引き出しには よく使う器やお箸を

❺毎日使うマグカップ類は、上段の浅い引き出しに収納。韓国のカフェ〈Corned e pepe〉のオリジナルカップがお気に入り。 ❻炊飯器の下の引き出しは、ごはんを手際よく盛れるようにお茶碗や朝食用プレートを。 ❼お箸とカトラリー類は種類別に細かく区切り、取り出しやすくまとめています。

長男が使う食器類は 1か所にまとめて

長男用のカップ、ビブ、器などを。かわいい猫の手デザインのプレートは、韓国ブランド〈FIRGI〉。ズレない＆ひっくり返せないように、裏に吸盤が付いています。

高い場所は

ケースを並べて取りやすく

低い場所は

子どもたちがよく使うモノを

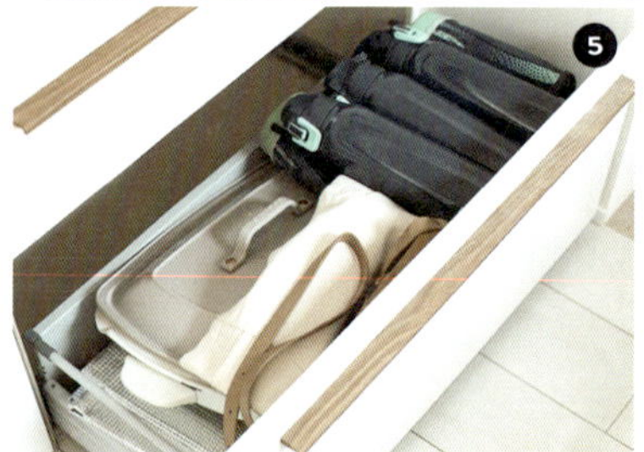

❹ 多めに作った料理は、〈iwaki〉の耐熱ガラス保存容器に入れています。❺ 陸上用の水筒は子どもたちが取りやすい、いちばん下の引き出しに。

❶❸ あまり使わないパーティ用のグラスや水筒などを〈無印良品〉のやわらかポリエチレンケースに収納。 ❷背の高さが近い家電をまとめて。下段は来客時用の器など。

引き出すと……

冷蔵庫横15cmのすき間収納

パントリーを増築する前は、収納場所が少なくてキッチンがパンパンに。そんなときに大活躍したのが、冷蔵庫横のすき間に入れられる、高さ約180cmのワゴン付き収納庫。可動式の棚板や、モノが落ちないようにガードが付いていたりと、とにかく使いやすい。便利すぎて、パントリー増築後の今も愛用しています。

〈ディノス〉のすき間収納庫には、常備加工食品(p.78-79で紹介)を主に、乾麺や米粉、栄養ドリンクなども収納。大好きな〈無印良品〉のレトルトカレーは1段を占めてます(笑)。

プリント類はスライド式パネルに貼って隠す

冷蔵庫の表面はすっきり見せたかったので、冷蔵庫横にマグネットで固定できる〈tower〉のスライドスチールパネルを使っています。

収納と片付けのルール

パントリーでも色の統一感にこだわる

パントリーの収納も〈無印良品〉のやわらかポリエチレンケースで、サイズを替えて揃えています。3姉妹のお菓子は中段の取りやすい場所において、蓋付きに入れ、それぞれの名前ラベルを貼って自分で管理させています。見えない場所でも、インテリアづくりと同様に、白やブラウンで統一すればすっきり！

パントリーにも余白を作っておく！

どの場所の収納も、空の場所＝余白を作っています。心の余裕にもつながるはず。茶色のケースは、デンマークブランド〈ferm LIVING〉のペーパーパルプボックス。

1日の終わりには必ずキッチン周りをリセット

生ゴミ袋をセット

生ゴミ用に使っているのは〈HEIKO〉の透明パン袋(P.77で紹介)。1日の終わりに生ゴミを捨て、翌日すぐ使えるように袋をセットします。

まな板に除菌スプレー

〈キッチン泡ハイター〉をまな板にシュッとスプレー。30秒ほど置いてから洗い流し、除菌・ウイルスを除去!

全体を拭きあげる

IHキッチンや作業台は、食品にも直接噴霧できる〈ドーバーパストリーゼ77〉でまんべんなく除菌スプレーをしながら、きれいに拭きあげます。

スポンジでシンクの掃除

人工大理石のシンクは、水でこすれば落ちる〈メラニンスポンジ〉を3つ使って、しっかり汚れを落とします。

水垢と水滴を取る

マイクロファイバーの〈あっちこっち ふきん〉(p.76でご紹介)で、水垢や水滴をムラなく拭いて、完了。

Hallway

廊下

収納と片付けのルール

ロールカーテンでさっと隠せる物置き場

ランドセルは玄関近くの棚に収納しています。元々は引き戸のスペースだったのですが、ドアを取ってロールカーテンに替え、可動棚を付けました。3姉妹それぞれの学校用具棚ができたことによって、「片付けなさい！」が減りました。子どもたちもうれしかったようで、前日の学校準備がはかどっています。

ロールカーテンで隠す収納

急な来客時は、あらゆるものをここに隠しています。夫の仕事道具、新聞紙、買い物用エコバッグなども収納。

可動棚にはランドセル＆学校用具を。4段目は、長男用に空けています。ママバッグや、夫婦で通っているキックボクシング用のバッグもかけています。

収納と片付けのルール

脱衣所&洗面所は引き出し収納をたっぷり

どうしても増えていく子どもたちの服。洗濯大臣の夫が適宜、「これまだ着れる?」と聞いてくれるので、断捨離したり、友人に譲ったりしてなんとかきれいを保っています。子どもたちには、「着替えるときは、洗濯機の中に脱いだ服を入れたときがゴールだよ」と伝えているので、脱ぎっぱなしがなくなりました。

中段の〈無印良品〉のケースには、ちょこちょこ使う洗濯洗剤やお掃除グッズなど。洗濯機横の〈アイリスオーヤマ〉の引き出しには、お風呂後すぐに着替えられるように、家族の下着やパジャマ、靴下などを入れています。

Laundry room

ランドリールーム

〈無印良品〉のポリプロピレンケース は引き出し式を使用。半透明ではなくホワイトグレーカラーですっきり見せてます。中は美容グッズや歯ブラシ、洗剤のストックなど。

収納と片付けのルール

可視化させた夫婦のクローゼット

増築で大幅に広げた、2階の夫婦用クローゼット。同時に、断捨離をして余白部分も作りました。アパレルブランドとのコラボ商品作りの仕事も増えたので、1階の仕事部屋には収まらなかった服をここで大切に保管しています。洋服が見えるようにハンガーにかけて可視化させたら、余計な買い物が減りました。

出入り口が2か所あって便利な、コの字型のウォークスルークローゼット。あまり詰め込まずに、余白を作った収納を意識しています。

ゆとりを持った
クローゼット収納

パンツ専用のラック

夫婦のパンツ類はすべて、ハンガーが取り外せて使える〈atRise〉のスラックスハンガーにかけています。片付けしやすい＆探しやすくて便利！

壁に取り付けたラック

なにもない壁を有効活用。〈IKEA〉のマグネットナイフラックにマグネットクリップを５個付けて、わたしのミニバッグやキャップなどをかけています。

〈炭八〉で湿気対策

調湿力と消臭力がある〈炭八〉はわが家では欠かせません。クローゼット、玄関、子ども部屋、靴棚、トイレ、長男のキャビネットなどにサイズを替えて置いています。

キャリーケース収納

頻繁に使わない旅行用のキャリーケースは、上部の棚に、横に倒して収納。海外用の大きいサイズは、仕事部屋のほうのクローゼットに片付けています。

収納と片付けのルール

種類や高さを揃え靴を見やすく

リノベの際にどーんと大きくした玄関の靴棚。可動式の棚は、10段くらいに細かく区切って入れています。子どもたちの靴は、高さや種類によって分けて、なるべく無駄なスペースができないように試行錯誤中。今後もっと増えていくし、サイズも大きくなるので、今はできる限り余白を作れるように心掛けています。

Open !

上段

とにかく靴が盛りだくさん。ぎゅっと収納できる&パッとわかるように、購入時の靴の箱は残していません。

下段

靴棚にも〈炭八〉は忘れずに

洋服クローゼットでも使用している、除湿・消臭効果のある〈炭八〉は、靴棚には小さいサイズを。天日干しをして乾燥させると、半永久的に使えておすすめ。

子の普段着は引き出しに、お出かけ着はハンガーに

お出かけ時は家族でコーディネートを楽しみたいので、子の派手服やキャラものは控えています。その分、学校へ行く服は、「自分たちの好きな服でどうぞ！」とバランスを取っています。お出かけ着は高い場所にかけていますが、学校服などは手の届く引き出しに入れて、自分たちで支度できるようにしています。

全員集合！

家族で楽しむお出かけ服

夏に地元宮崎の青島へ行った際の、白Tシャツ×ショートパンツで揃えた、さわやかコーディネート。家族で合わせると、写真を撮るのもさらに楽しくなります！

「どうせやるなら楽しく!」が家族のルール

家族行事の中で、最も大切にしている家族旅行。今までに海外は韓国やハワイ、国内は東京から九州まで……いろいろなところへ出かけました。旅行前は、親子で旅先について調べること、そして旅行後はその思い出を、ひとりずつ作文にまとめ、家庭内で発表をしています。小さいころから作文をよく書いて育った夫が、子どもたちには自分の意見を積極的に言える大人になってほしいからと、このイベントを導入しました。夫曰く、正しい文章を書けるということは、自分の考えを整理できるのはもちろんだけど、思いやりを育てることにもつながるそうです。そこに発表力が加われば、どんな時代でも困難を乗り越え、チャンスをつかめる人になるだろうとよく言っています。「子どもと一緒に、楽しみながら共に成長したい」、それがわたしたち夫婦の考え方です。

Rule 1

作文発表で文章力も家族時間もアップ

旅行後は必ずおのおの作文を書いて、家族みんなで発表しあっています。発表力と文章力はどんな仕事に就いても自分を助けてくれるという夫の考えです。極度の恥ずかしがり屋で、保育園の発表会では泣き続けた双子姉妹も、今ではノリノリで取り組んでくれるようになりました。

家族の作文は〈サクラクレパス〉の作品思い出ボックスにまとめ、リビングの収納棚に大切にしまっています。

韓国釜山へは家族で2度行きました。義両親と4泊5日した旅行では、伝統衣装をまとった夫の親子写真が気に入ってます。

2023年の年末に初めて家族でハワイに渡航。アウラニホテルに宿泊し、好きなキャラクターにも会え、プールやサンセットと大満足!

Rule 2

旅をして みんなで成長する

旅に出るときは、子どもたちとその土地の名所や名物をYouTubeで調べたり、お風呂で日本地図を見たりと様々な予習を親子でします。「旅とは最高の社会科の授業だ!」とよく夫が言いますが、学びや経験、そして家族時間も増えるので大切にしている行事です。

Rule 3

必ずひとつは 習いごとをする

辞めたくなったら、次に興味のあることを見つけてから辞めること。やり切った経験は、壁にぶつかったとき、自分の背中を押してくれるから! ちなみになんでも一緒に楽しむタイプの夫は、子どもたちの陸上を機にマラソンを始めて、トレーニングや栄養に詳しくなりました。

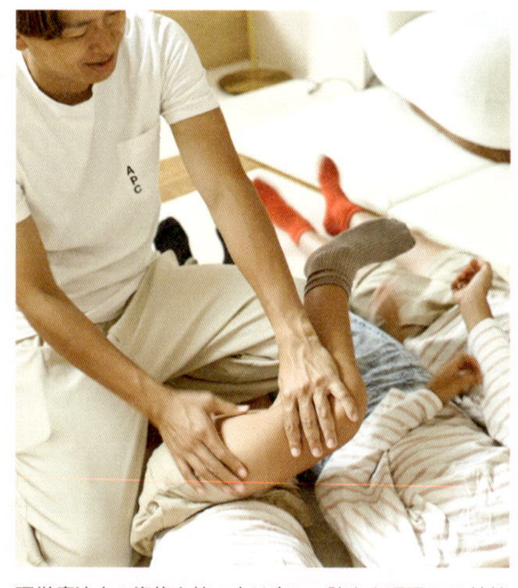

理学療法士の資格を持つ夫は夜に、陸上を頑張る3姉妹や疲れたわたしの脚をマッサージしてくれます。そのお礼として、週1でわたしが夫にフェイシャルエステ&マッサージをしてあげています(笑)。

Rule 4

YouTubeは1回30分間まで

30分以上観たいときは、15分読書をすれば、15分間の視聴時間を獲得できるというルールにしています。ただし学習系のYouTubeや学校で習ったことをわかりやすく学べる〈NHK for School〉は、特に使用制限を設けていません。

Rule 5

長女にはなるべく我慢させない

双子出産後の約2年間はふたりの入退院が続き、長女にたくさん寂しい想いをさせてしまいました。なので、幼いころに双子と長女が同時に泣いたら、長女を優先して抱っこしていました。「お姉ちゃんでしょ？」はわが家の禁句です。

Rule 6

「楽しんでね！」と送り出す

“どうせやるなら楽しく”と家族で決めています。わが家はいつも、いってらっしゃい、頑張ってねとは言わず、「いってらっしゃい、楽しんでね！」と送り出すようにしています。

ほめるときは
いつも
グータッチ！

Rule 7

お小遣いは小学1年生から

500円からスタートし、進級するごとに100円アップというシステム。横山光昭さんの著書『子どもが10歳になったら投資をさせなさい』を参考に決めましたが、昨今の物価高や円安の状況を考えると、少し改正（金額アップ）が必要かもしれないねえ、と夫婦で話しています。

子どもの写真はアプリで整理

お祝いごとは、写真館で定期的に撮影をして家族の思い出を残しています。お出かけや普段の写真は、スマホで手軽にできる写真アプリ〈ALBUS〉と〈nohana〉を利用して毎月プリントしたり、アルバム1冊にカスタムしています。2種類のアプリに分けているのは、夫婦バラバラに使うと、それぞれ選ぶ写真や切り取り方が違うので、その楽しさもあるなと思って。毎月欠かさずやっていたのですが、長男が生まれてからはあまり作れていません。末っ子あるあるですよね(笑)。

1

2

写真アプリサービスを使う

1. わたしが管理していた、ましかく写真の〈ALBUS〉は、毎月 8 枚の写真プリント＋マンスリーカードが無料で送られてきます。月毎に写真を選び、専用アルバムに入れています。
2. 夫担当の〈nohana〉は、写真をセレクトして簡単に紙のアルバム 1 冊ができあがります。子どもたちが描いた絵や作品も、写真を撮ってこのアプリ内で記録しています。

壁に飾る

写真館撮影した写真は、キャンバスプリント仕上げにして階段の壁に。愛した歴史が子どもたちに伝わるといいなと思っています。

家族を喜ばせる天才！義母の存在

どんなときも家族を喜ばせることを考えている、義母のあっちゃん（と呼んでいます）。既存のカルタに家族の写真を貼り、オリジナルの言葉を書いて特製カルタを作ったり、イベントごとに仮装をしたり、仕事に疲れたわたしにクスッと笑えるモノマネを動画で送ってくれたり……話すとキリがありません。元バスガイドで歌がうまく、知識豊富でユーモアもたっぷり。どんなときも肯定してくれる義母に助けられ、何度も心が軽くなりました。そして、他人の子までもしっかり礼儀を教えてくれる義父の教育。怒るのではなく、〝叱ること〟の大切さも知りました。

それぞれに作ってくれた〝特製カルタ〟(96枚× 6 人分！)。既存のカルタにプリントした数々の写真を貼り、裏には50音のオリジナルの言葉を書いてくれました。

楽しませてくれる仮装とモノマネ

義母はモノマネが上手。ドラえもんやルフィなんて本当にそっくりで、SNSにアップすると大反響！　定期的に仮装＆モノマネでみんなを楽しませてくれます。

38年間続けている義母の壁新聞

夫が生まれてから月 1 で継続されている壁新聞。カレンダーの裏をリサイクルしています。写真とメッセージを添えて作ってくれることに毎回感激しています。

いちばんの味方が近くにいてくれる心強さ

わたしたち夫婦は、フリーランスとして共に働いています。もともと、未熟児で生まれた双子が出産から2歳になるまで入退院を繰り返し、仕事を休まざるを得ない状況が続きました。さらに、てんかん持ち（けいれん・失神などの発作）の長女の心配もあり、それまで会社員として働いていた夫が思い切って退職。相談の末、2年前に会社を立ち上げました。入れ替わりの激しいSNSでの仕事がメインなので、仕事時間を確保するべく、夫の提案で「お互いに得意なことをしよう！」と家事の分担をすることに。前に出ることが苦手なわたしの代わりに、夫がカラダを張って被写体になってくれたり（本人はかなり楽しんでる笑）、二人三脚で尽力していたら、仕事の幅も売り上げもアップしました。同時に、子どもたちと過ごす時間が格段に増えたので、今ではどんどん家族のチームワークがよくなっているのを感じています。

お金の管理はだいたい夫が担当

結婚当初はわたしがお金管理をしていましたが、夫が資産運用に興味を持ちはじめたタイミングで、生活防衛費や貯金、投資、会社の決算などは夫に託しました。「今しかできないことへ投資をしよう」という考え方なので、仕事で使うアイテムと旅先での体験には、惜しみなく使う方針です。ある程度の生活防衛費(月収の6か月分ほど)が貯まったら、家族旅行をするなど、思い出や経験にお金を注ぐようになりました。その分、スーパーの見切り品は積極的に買う、支払いはクレジットカードに1本化してマイルを貯める、ポイ活などでバランスをとっています。

お財布は〈CELINE〉を愛用しています。物欲があまりない夫のお財布やスマホは、いつもわたしのおさがり。その代わり投資には意欲的で、NISAをしたり米国株を買ったりも。今はしっかり者ですが、結婚当時の貯金は20万円。独身時代は毎週飲み会だったようです(笑)。

口に出して感謝を相手に伝える

「子どもたちかわいい〜。産んでくれてありがとう」が夫の口癖。4人の子育てをしていますがいまだに正解はわからず、落ち込むことも。だからこの何気ないひと言にいつも救われています。食事のときは目をキラキラさせて、美味しい！と言ってくれたりも。感謝の気持ちを伝え、相手を思いやる大切さに気付かされました。夫に聞くと両親からの影響が大きいようで、義父は同窓会に行く義母に、何時に帰るの？ではなく、「ゆっくりしておいで」と送り出していたそうです。わたしも夫の飲み会に「ゆっくりしてね」と言える妻になりたいものです(笑)。

得意なことを お互いがやる

一緒に働くわたしたち夫婦の役割は、「得意なことをやる」。会社を立ち上げた当時、仕事や家事、保育園や学校、習いごとなどでキャパオーバーになったわたしに、夫が提案してくれました。理学療法士として働いていた夫は知識が豊富なので、3姉妹の脚マッサージをしながら、お悩み相談などをして、コミュニケーションを取ってくれます。その間にわたしは、料理や収納、撮影、動画編集などに集中。苦手な部分を補充しながら、得意なことを担当することで、肉体的にも精神的にも負担が少なく、お互い好きなことがどんどん伸ばせるようになりました。

夫が担当がしていること

1／ 掃除、洗濯

几帳面な夫は、わが家の洗濯・掃除大臣。「うちのTOTOトイレは最高だ！」と言って、毎日感謝の気持ちを込めながら、率先してきれいにしてくれます。ウォシュレット愛を語り出したら、話が止まりません（笑）。

2／ 宿題チェック、送迎

3姉妹の宿題、習いごとの送迎、病院受診は夫が担当。以前、宿題のマル付けをしたら間違いだらけだったので、子どもたちはもうわたしのところに来なくなりました。

3／ 寝かしつけ

寝かしつけは、交流の場と考える夫。不眠症のわたしがゆっくり寝られるようにと、長男（生後7か月から最近まで）を抱っこをしながら夜の散歩に出かけてくれました。「子育てを手伝う」という感覚はなく、全力で楽しんでいるそうです。

夫婦のもめごとは翌日まで持ち越さない

一緒にいる時間が長いので、もちろん小競り合いはちょこちょこあります。基本、大喧嘩まではいきませんが、時間に追われて切羽詰まっているときなど、ちょっとした言い方などにカチン！　ときて、勃発。長引かせるとお互いの仕事が一気に滞ってしまうので、「翌日まで持ち越さない」「挨拶はする」と決め、なるべくその日のうちに仲直りするようにしています。その昔、険悪なまま朝を迎えてしまったことがあり、そのときはリビングで本気相撲をして、ケリをつけたことがありました。結構互角だったのがおかしくて、笑って仲直りができました（笑）。

リアルな日常を、無料の音声コンテンツ〈Voicy〉で話しています。（月～金曜に配信）。収録はこんな感じでゆるくリビングで。配信がないときは、小競り合いをした日か、飲み会翌日の夫が起きれないときです（笑）。

お互いを認め合って許容範囲を広げる

友だちの紹介で出会った夫とは、結婚して12年。大切にしていることは、〝お互いを認めること〟。わたしはお酒が好きじゃないし、飲みすぎる人も苦手です。反対に夫はお酒が大好き。でも、今まで（ときに失敗しながらも）楽しく飲んで友だちとの関係性を深めたり、ストレス解消をしているんだよなあ……そう思えたら、翌朝二日酔いでリビングに寝ていても、ちょっとは許せるようになりました（笑）。価値観を無理に合わす必要はないけれど、拒否することよりも、受け入れる部分を増やすことが夫婦円満につながるのかなと思う今日このごろです。

Column 01

実際にあって助かった防災グッズの備え

わたしたちが暮らす宮崎県は、台風が多い街。大きな川が近いので、避難を考慮して防災リュックを3つ備えました。夫婦と長女でリュックを持ち、下の子どもたちは避難に専念してもらおうと思っています。この書籍を制作中の8月にも大きな竜巻が来て、丸一日停電しました。23時に停電し、まず寝ている子どもたちの涼を確保するため、ポータブル電源（p.17で紹介）で扇風機を使いました。オフラインでも動画を観られるキッズ用タブレットや、部屋の灯りを保つ乾電池式LEDランタンなどしっかり備えていたこともあり、無事乗り切ることができました。

家族の防災リュック

左のリュックは〈TIGORA〉の野球用のバッグで、46ℓの大容量サイズ。フック付きなので、フェンスなどに引っかけられるそう。「ロッカーのように使える」という謳い文句に惹かれました。仕事部屋の奥に置いています。

夫用

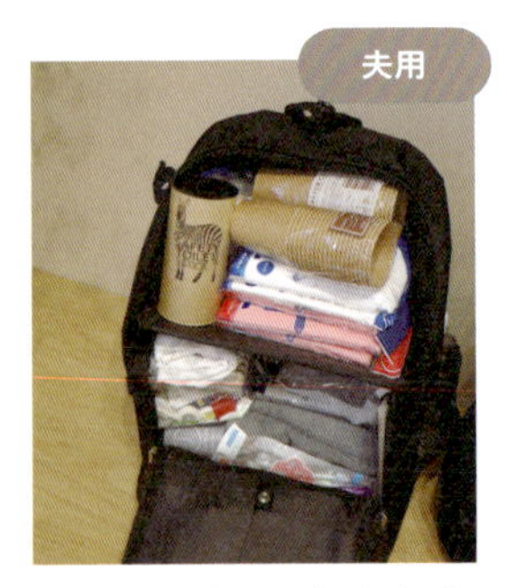

携帯トイレや紙コップ、タオルなどをまとめています。仕切り板が付いているので、整理がしやすい!

わたし用

かさばる長男のオムツは、ポーチにまとめてコンパクトに。ほか、レジャーシートなども収納。

長女用

保存食や子どもたちのお菓子をイン。手前のポケットにはペンやノート、シールも入れています。

〈Panasonic〉のでかランタン

台風で停電したときに、とても役立ったLEDライト。わが家の20畳の部屋を明るく照らしてくれて、「本当にあってよかった！」と家族でホッとしました。乾電池式で、約62日間連続使用可能です。

〈アイリスオーヤマ〉のウォータータンク

16ℓの大容量の水タンクは、折りたたんでコンパクトに収納できます。持ち運びがしやすい肩かけベルトや、水を注ぐ用のコックが付いていたりと便利。口が広いので、スムーズに水を溜めることができました。

〈Amazon〉のFire HD 8 キッズモデル

停電時に役に立ったもののひとつがキッズ用タブレット。オフラインでも使用でき、動画やゲームなどが楽しめます。いつも観ているアニメが観られて、真っ暗でも子どもたちがパニックにならずに済みました。

〈BRUNO〉のカセットコンロ

薄くスリムで軽く、おまけにかわいい！　家に馴染むよう、アイボリーを購入しました。おしゃれな見た目ですが、火力が高いところもポイント。災害用にももちろんですが、普段の鍋料理にも使っています。

〈ecoco〉のUSB型スティックWi-Fi

契約不要で、手元に届いてすぐに使えるプリペイド式のWi-Fi。同時に８台まで接続できて、６人家族のわが家でも安心です。初期は１年の期間中100GBまで使えますが、専用アプリからギガの追加購入もできます。

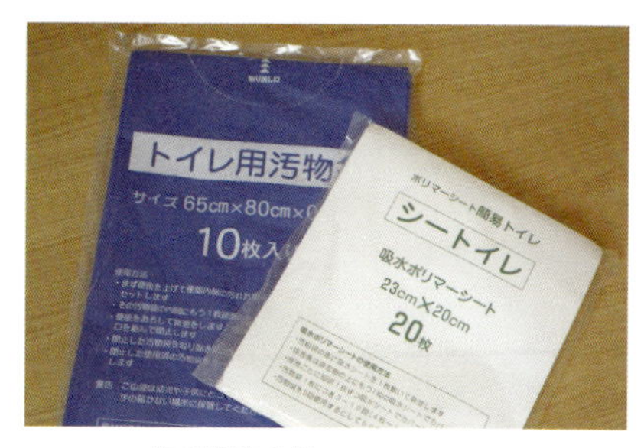

〈石崎資材〉のシートイレ

コンパクトさが魅力的で、常備している携帯トイレ。用を足したあとに、吸水ポリマーシートをのせるだけでゼリー状に。いざというときのために、あらかじめひとつ使い、子どもたちと予行演習を済ませました。

Chapter 4

モチベーションを保つためのわたし自身の決めごと

「悩みの解決」と「わたしの好き」を色濃くして、できた今

「人間の悩みは、昔からだいたい一緒」と夫がよく言うのですが、確かに。気付けば自分も友人たちもその同じような悩みを吐き出しているなあと。そんなことから、この言葉を夫婦間の〝合言葉〟にして、自分や子どもたち、フォロワーさんのために、悩みながらも楽しく暮らしている過程をSNSに発信すると決めました。今はコラボ商品作りや、モノ紹介を主にしていますが、どんな仕事でも根っこの部分は変わりません。

これは誰の助けになるのか、自分は楽しめるかという点を大切にいつも活動しています。前職は販売員として働き、接客やディスプレイ作り、写真撮影などを叩きこまれたので、〝商品をみなさんにつなげる〟ということが現在に活かされているのかもしれません。悩みは尽きないけれど「悩みの解決」と「自分の好き」をずっと続けて色濃くしたら、昔よりも今のほうが自分らしく過ごせるようになりました。

わたしの大事な仕事道具

1. 常にスマホと、〈LaFuture〉のモバイルバッテリーを持ち歩いています。ライトニングとtype-cが付いているので便利！ **2.**〈RICOH〉のGRⅢxのデジカメは、2024年に買ってよかったモノNo.1。起動が速い上、素人のわたしでも素敵な写真が撮れます。物撮影はすべてコレで完結してます。アプリで簡単にスマホに転送も可。

3. iPadに付けたレトロかわいいBluetoothキーボードは〈楽天〉で購入。 **4.** ミーティングや料理撮影などで使用しているスマホスタンドは〈3COINS〉。可動域が広くて使いやすい。

ダイニングでのごはんなど家族のリール動画は、こんな感じでスマホスタンドを立てて撮影しています。

家族の予定はアプリですべて管理

夫婦で仕事をするようになってからは、スケジュールや子どもたちの行事は、プライベート&共有で使えるカレンダーアプリ〈Time Tree〉で管理しています。無料で使えるし、やることリストなども作成できてとても便利。小学校や保育園の年間スケジュールが発表されたあとや、お互いのプライベートの予定が入ったらすぐに各自入力して、共有と確認。仕事の〆切は夫が把握してくれて、いつも呼びかけられて思い出しています（基本、わたしはポンコツ）。でも夫はしれっと飲み会の予定を入れてくるので、要注意です。

一旦、カゴに入れて考える

素敵なモノを見つける、という仕事をしているわたしが決めていることは、モノが溢れないように「ひとつ買ったら、必ずひとつ捨てること」。そしてネットショッピングでの買い物は慎重派なので、勢いでは買いません。一旦買い物カゴに入れ、後日見返して吟味してから、今の自分に本当に必要なのかを見極めています。だから、わたしの買い物カゴは、常に100件くらい入っています（笑）。

ある1日のスケジュール

土日・祝日

8:00　起床
夫が子どもたちをパン屋さんに連れ出してくれます

9:00　朝食後、各自お出かけの準備

10:00　家族でカフェやイベントへ
移動は夫の運転。移動中はInstagramのストーリー更新など

12:00　昼食
お出かけ服でかわいい写真を撮ったり、リール動画を撮影したりも

13:00　子どもたちと遊ぶ

18:00　帰ってきて夕食作り
レシピ動画撮影やインスタライブなどをする

18:30　家族で夕食

19:30　入浴タイム（わたしを除く）

20:30　家族団らんタイム

21:00　子どもたちを寝かしつける
陸上の練習や大会があった日は、夫が念入りに子どもの脚マッサージ

22:00　夫婦タイム

24:30　入浴後、就寝

週末は３姉妹の陸上競技の練習や大会なども増えてきているので、そんなときはお弁当を持ってみんなで応援に行きます。賞をもらったり、頑張ったときは外食することも。

平日

6:00　起床
すぐに子ども４人の朝食作り。並行して朝食や食器・カトラリー類の撮影

7:30　小学生組を送り出す
その後、長男と遊んだり、スキンケア＆メイクをする

8:30　長男を保育園へ
帰りにコンビニでカフェラテを買って、仕事スイッチオン！

9:00　仕事スタート
晴天→商品撮影やインテリア撮影／雨天→動画の構成練り、フォロワーさんからのDMチェック、企業さんとのオンラインMTG、グループラインのチェックなど

12:00　昼食作り
ランチは試したい商品や食材を使って〈#hichonめし〉作りも。並行してレシピ動画の撮影など

13:00　ストレッチや筋トレ
キックボクシングに行くことも

14:00　Instagramのストーリーズ作成、〈楽天〉ROOMの更新

15:00　Instagramのリール動画編集

17:00　夕食作り
レシピ動画撮影やインスタライブなども

18:30　習いごとから帰ってきた子どもたちと夕食

19:00　入浴タイム（わたしを除く）

20:00　家族団らんタイム
リビングでゴロゴロしたり、カルタやゲームをしたり

21:30　子どもたちを寝かしつける

22:00　夫婦タイム

24:30　入浴後、就寝

日によって寝る時間はバラバラです。月・水・金曜日は３姉妹の習いごと（陸上）があるので、いつも夫が送迎。長男も連れ出してくれるので、わたしは夕食作りや撮影に集中しています。

ちょっとした習慣でカラダを変えていく

4人の子育てや仕事で、スキンケアや運動など自分のことはつい後回しになり、疲れを感じやすくなりました。夫にも協力してもらい、習慣のケアを決意。ランチ後に20〜50分間の筋トレやストレッチで全体を動かす、仕事後はすぐに拭き取りクレンジング、夜は必ずフェイスパックなど、コツコツと続けました。すると、以前よりカラダが変わってきて、やっぱり日々のケアが大事!と、改めて気付かされました。最近は月3回のキックボクシングでストレス発散することもハマっています。

13:00

空いた時間に筋トレとストレッチ

〈créer〉のトレーニングチューブは、テレビを観ながら足をパカパカして内ももやお尻の筋力アップに。〈LPN〉のストレッチポールは、背骨に合わせて寝ころぶように乗ると姿勢を整えてくれるもの。置いてあっても馴染む、ミルキーベージュカラーがお気に入り。

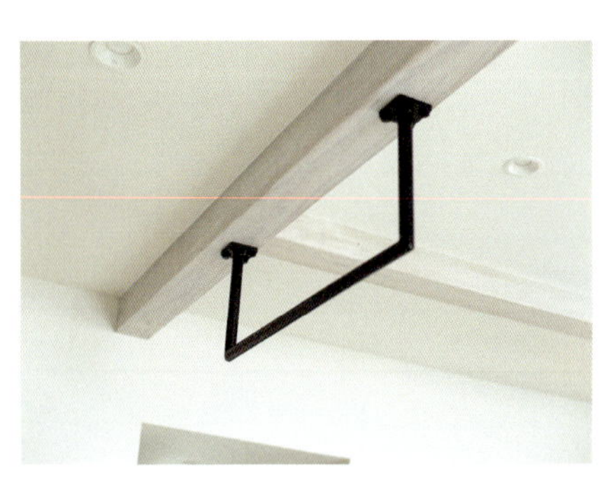

ぶら下がり

家を建てるとき、ほとんどわたしにお任せだった夫から唯一強いリクエストがあったぶらさがり棒。在宅で仕事をするようになり運動不足になりがちなので、付けてよかったと感じます。夫は毎日懸垂をしていますが、わたしはカラダを伸ばすだけで精いっぱいです(笑)。

24:00

フェイスパックはマスト！

入浴後にフェイスパックをしながら、バラエティ番組を観るのが至福の時間です。

18:00

素早くメイクオフ

仕事後や帰宅後はすぐに、拭き取りクレンジングでメイクをオフ。肌に負担をかける時間を減らすことが美肌を保つ秘訣だと思っています。

毎日使っている美容アイテム

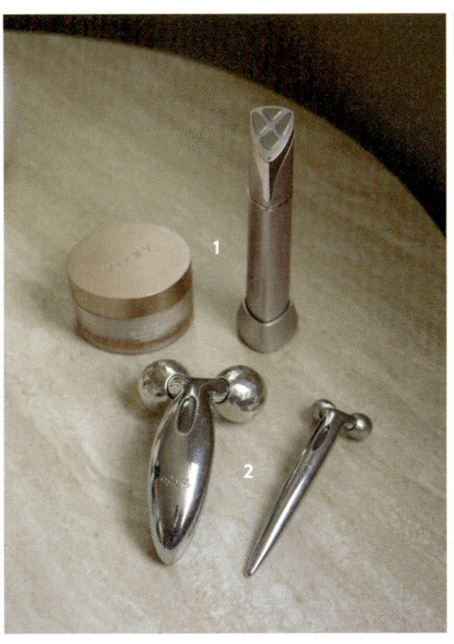

週1、2回のスペシャルケア

1. 〈AXXZIA〉のビューティーアイズ エッセンスシートは真ん中に穴があいていて、目全体を覆えるパック。これだけでも十分潤うのですが、同ブランドの美顔器と一緒に使うとより浸透してしっとり。温熱ケアもできるこの美顔器は、EMS機能付きで、ケアをしながら筋肉を鍛えることができるので、首まで使っています。 **2.** さらに〈ReFa〉のカラットフェイスでマッサージ。部位に合わせて２種類持っています。大きいサイズは顔だけでなく、二の腕やお腹など全身にも。小さいほうは目頭などに使え、しっかりツボに入ってくれます。

普段のフェイシャルケア

1. 〈SISI〉のウォータリークレンジングでさっぱり。オイルと美容液の２層式の拭き取りタイプ。保湿効果が高く、しっとり肌に。 **2.** 夜はお風呂で洗顔後、〈N organic〉のエイジングケアシリーズのローションをオン。もちっと吸いつくような保湿力がすごい！ **3.** 化粧水後はパックでさらに保湿。その日の肌状態によって種類を替えています。**4.** 化粧水と同じラインの、リンクルパックエッセンス。目元の美容液ですが、口元などにもくるくるマッサージをしながら全体につけています。 **5.** 仕上げのクリームは化粧水と同じラインで。こっくりしているのですがベタつかず、気持ちのいいつけ心地。

心を軽やかにする ポジティブ変換

コラボさせていただいた商品がフォロワーさんや企業さんに期待通り喜んでもらえるかなどと、毎日悩みやプレッシャーが尽きません。心の余裕がなくなり、寝室でひとりポロポロと涙を流すことも。以前、辛辣なDMが届いてひどく落ち込むことがありました。そんなとき、「みんなに好かれようとせんでいっちゃが。無理やから。結婚式の余興で、会場の全員を笑かすのは無理やろ?」と笑顔の夫から。そりゃそうだ、とちょっと笑いました。言葉を選びながら励まし、肯定してくれる彼に救われ、自分の行動に自信が持てました。

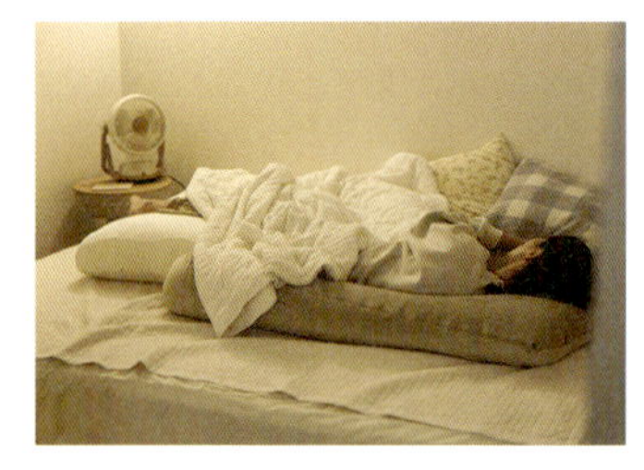

抱き枕でリラックス

抱くことも、抱かれることもできる、唯一無二の万能リラックスまくら〈ハグモッチ〉。夫も子どもたちも大好きすぎて、わが家には大量にあります(笑)。睡眠の質が上がる!

コーヒーでリフレッシュ

大好きなカフェラテは、仕事をスタートするときやホッとしたいときなど、気分の切り替えとして飲んでいます。家で愛用しているのは、〈illy〉のエスプレッソコーヒーマシン。

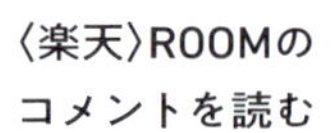

〈楽天〉ROOMの コメントを読む

〈楽天〉ROOM OF THE YEARのMVP獲得時に、みなさんからいただいたコメント。印刷をしたら108枚ものボリュームになったので、本のようにまとめて保管し、常に寝室に置いています。仕事で迷ったときは、これを読んでパワーチャージをしています。

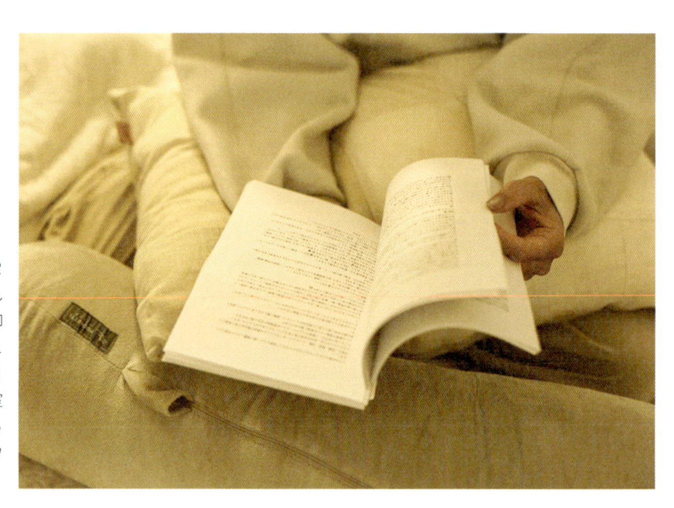

かわいいが溢れる韓国でインプット

韓国に初めて訪れたのは20歳のころ。おしゃれな文化に衝撃を受け、ネットでも韓国インテリアの家具などを買えないかと日々検索していました。Instagramをはじめた当初も、韓国カフェを真似た「おうちカフェ」を投稿したり、〈楽天〉ROOMを韓国系に構成していき、徐々にフォロワーさんや仕事が増えていきました。

わたしにとって韓国は、なくてはならない場所。3か月に一度、韓国語が話せる友人とふたりでソウルの穴場を巡り、インスピレーションを得ています。今までに20回以上は渡韓しているので、東京出張のほうが緊張しちゃうかも(笑)。

お土産におすすめの韓国スターバックス

韓国のスタバは、オリジナルグッズを作る専門のデザインチームがいるそうで、スタイリッシュなアイテムが揃います。日本では買えないので、お土産に喜ばれること間違いなし！　わが家は、白いポットやシュガーケースなどを持っています。

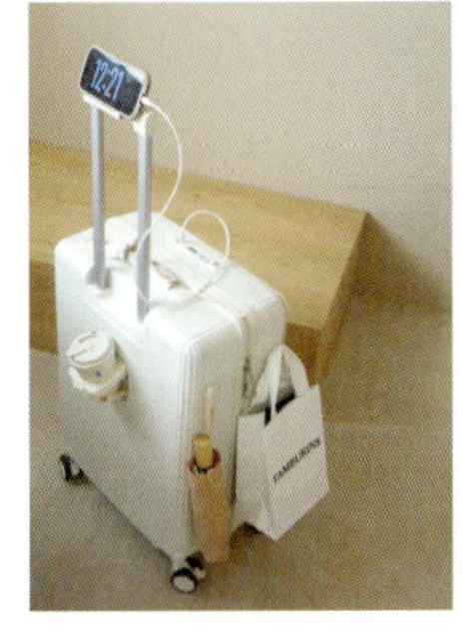

機能的で便利なキャリーケース

スマホスタンド＆充電できるUSBポート付きで、使いやすい軽量キャリーケースは〈楽天〉で購入。荷物がかけられるフックやカップホルダーもうれしい！

おしゃれなカフェは〈Corned e pepe〉

ソウルの東大門にある、住宅をリノベしたベージュトーンのカフェ。ヨーロッパ風の屋外庭園もあり、インテリアもフードも見えるものすべてがセンス抜群です。

Column 02

Q&A

Q. 愛用のマザーズバッグを教えて！

A. 〈tonto〉とコラボして作ったバッグが使いやすく、自分でもヘビロテしています。パパも使いやすいシンプルなデザインを心掛け「ペアレンツバッグ」と名付けました。肩かけ、リュック、ななめがけの3Wayで大容量です。

Q. 普段の定番ファッションは？

A. ボーダーが大好きです。 といっても、 今持っているのは〈MARNI〉、〈LOEWE〉〈SAINT JAMES〉、〈MAISON KITSUNÉ〉の4枚だけ。リノベーションの際に断捨離をしたので、一軍だけを残して大切に着ています。

Q. お気に入りの化粧水は？

A. 韓国のコスメストア〈OLIVE YOUNG〉で見つけた、〈AESTURA〉のミスト化粧水。脂溶性のセラミドが配合されているので保湿力がとても高く、低刺激で肌にやさしい。バッグに入れて持ち歩いています。

Q. おすすめのフェイスパックは？

A. そのときの悩みによって替えるので、いつも何種類か揃えています。写真右から〈AXXZIA〉の目元パックと、フェイスパック〈NANOA〉、〈クリアターン〉、〈Omochi+〉。どれも液が多くておすすめです。

Q. ヘアケアはどうしてる？

A. 〈track〉のヘアオイルは香りと軽いテクスチャーが好きで、夫婦で愛用。パサパサした髪がツヤッとまとまるし、肌にも使えるのがポイント。コームは〈LOVE CHROME〉で、静電気を抑えて髪の広がりを防いでくれます。

Q. 日焼け対策はしてる？

A. 日差しの強い宮崎では紫外線対策が必須なので、夏は折りたたみ日傘が欠かせません。〈楽天〉で購入した晴雨兼用の日傘は、わずか192gとスマホよりも軽く、100％完全遮光なところがうれしい！

Q. 自分へのご褒美は？

A. 先日の東京出張で、〈LOEWE〉のデニムパンツをご褒美に購入しました。デニム好きなので、〈TODAYFUL〉のパンツも集めています。そして、去年大奮発した〈CHANEL〉のキルティングバッグとフラットシューズ。とても頑張った1年なので、家族旅行のハワイ中に、思い切って買っちゃいました！　いつかまたハワイに行きたいけれど、長男の時差ボケと夜泣きがトラウマでしばらくは難しそうです（笑）。

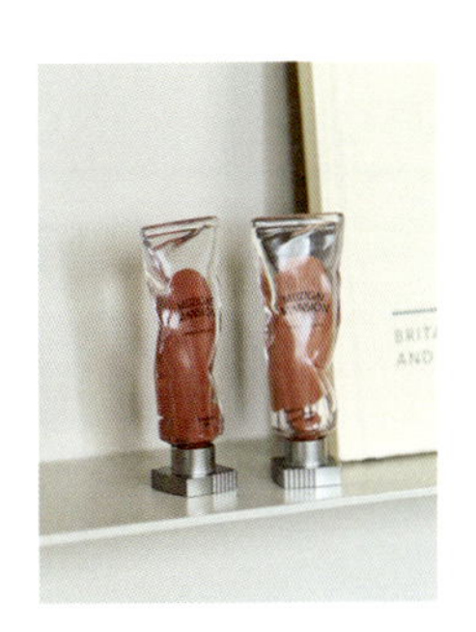

Q. メイクのこだわりは？

A. アイメイクをお休みするときも、リップだけは必ず塗るようにしています。発色のよさが人気の韓国ブランド〈MUZIGAE MANSION〉がお気に入り。かわいい見た目にもテンションが上がります。

Q. なにをしているときがいちばん楽しい？

A. 地元の友達と、カラオケに行くとき！（笑）。漫画もテレビも大好きで、独身のころの休日は、1日漫画喫茶にいることもありました。あとは家族でのピクニック。みんなが笑顔で遊んでいる姿に、いつもあたたかい気持ちになります。

Q. 使わなくなった、子ども服やおもちゃはどうしている？

A. 友人に譲ったり、たまにInstagramのライブやストーリーなどで募集して、フォロワーさんへお譲りしています。先日もサイズアウトした〈tokyobike〉の自転車3台をお譲りしました。日ごろから支えていただいているので、せめてものお返しのつもりです。

Q. 仕事で気をつけていることは？

A. この発信は誰の役に立てるのかを考えるようにしています。商品紹介は必ず夫婦で使用してから、嘘のないレビューをお伝えしています。仕事相手には、自分の強みと弱みを率直にお話しして、依頼の最終判断を仰いでいます。コラボ商品開発は、納得できるまで何度も修正をお願いするので、毎度担当者さんにご迷惑をおかけしています。夫には「NO！が言える珍しい日本人だ」と言われます（笑）。

Q. 今まででいちばん頑張ったことは？

A. 子育てに関しては、双子の育児です。ふたりが2か月早く生まれ、生後10日で感染症にかかり生死をさまよっていたときは、生きた心地がしませんでした。一命をとりとめてくれた後も、2歳まではほぼ毎月どちらかが小児喘息で入退院を繰り返していました。精神的にも体力的にも過酷でしたが、そんななかでの癒やしは写真。子どもたちをかわいく撮ることが息抜きであり、楽しみでした。

Q. 最近、うれしかったことは？

A. 3姉妹が、2年連続で全校リレーの選手に選ばれたことです。全校リレーの選手には、各学年でいちばん足の速い男女が選抜されます。子どもたちが頑張っていることをいつも近くで見てきたので、幸せに感じました。

Q. 自分のダメだなと思うところは？

A. つい仕事を抱え込んでしまうところ。フォロワーさんから喜んでもらえそうなお仕事は、スケジュール的に厳しくても気付いたら「やります！」と引き受け、結果、睡眠時間が減ってしまったりも。それと、負けず嫌いで「まぁいっか」ができないところも。夫は「フリーランス向きの性格だよ」と言ってくれるけど、自分を追い込みすぎてときどき凹んでます（笑）。

Q. 夫から見たhichonとは？

A. King of せっかち！　でも、自分や家族の時間を作り出すための、質の高いせっかちです。求められているうちはありがたいという精神で、スケジュールパンパンの仕事を受ける頑張り屋さん。でも、成功させなきゃ！というプレッシャーでメンタルはスレスレ。上記が尊敬しているところであり、もう少し力を抜いていいんじゃない？と心配もしているところです。

※夫の言葉をそのまま記載しました。

Q. 自分を保つためのマイルールは？

A. 昔から余計な情報と感じるものは頭に入れないようにしています。あとは仕事のモチベーションを保つため、忙しいときは漫画やドラマは我慢し、目標達成したときのご褒美にしています。

Q. フリーランスのメリットとデメリットは？

A. メリットは、自分でスケジュールを管理できること。子どもの行事に合わせて休みが取れるので、子どものサポートができています。頑張った分成果が出るし、新たなチャンスや思いもよらぬ分野からのお声がけもうれしいです。その半面、オンとオフを切り替えるタイミングがわからず、気付くと疲労と不眠が重なっていてダウンしてしまうことも。スマホで仕事ができてしまうので、便利だけど「完全オフ」が難しいところ。今後は人員を増やすことも検討中。

Q. どんなふうに育ってきましたか？

A. 超多忙なきゅうり農家に生まれ、5歳から米を炊き、お手伝いを積極的にしていました。高校生のころはアパレルや飲食店でアルバイトを経験。卒業後はひとり暮らしに憧れて大阪で就職しましたが、ホームシックですぐに宮崎に戻ることに（笑）。20歳から10年間は〈COACH〉に勤め、モノに対するセンスや写真の撮り方など多くのことを学びました。その後は韓国インテリアや雑貨を扱う通販サイト〈POPROOM〉で商品企画の仕事を経験し、今に至ります。

おわりに

最後まで読んでいただきありがとうございます。
本のお話をいただいたとき、編集者の有紀さんが「Instagramのフィードが大ちゃんばっかりだからさ、ｈｉｃｈｏｎをもっと知ってもらおうよ」と提案してくださり、わたしのこれまでの歩みをすべてさらけ出そうと決心しました。

農家の娘として生まれたわたしが結婚して母となり、夫と励まし合いながらここまで生きてきました。
人に恵まれ、時代に恵まれ、運に恵まれながら、Instagramを仕事にすることができていますが、根底には「誰の助けになれるのか」という想いがあります。

「はじめに」でも触れたことですが、双子育児に奮闘しながら気付いたことを発信したときに、同じ悩みを抱える人ってたくさんいるのだなと思いました。
育児に限らず、料理や家事、ライフハック、収納、ネットショッピング、旅行、お金など、わたしたちの暮らしを誠実にありのままに発信することが誰かの役に立つ、助けになれると信じてコツコツ発信を続けて今に至ります。

「成功とは人を助けた数だよ！」と、読書好きの夫が教えてくれました。
これまでの発信をより深掘りしてまとめた集大成ともいえるこの本が、
誰かの役に立ち「成功」することを心から願っています。

ときには心無い言葉に心が疲弊することがありますが、
フォロワーさんからいただくそれ以上のあたたかいメッセージが私のガソリンになっています。
まだまだ人生は続きますし、子どもたちの成長に伴って悩みも増えていくと思いますが、
わたしはこれからの人生も、笑顔が代名詞の夫、そして4人の子どもたちと一緒に、
楽しみながら乗り越えていく様子をInstagramで発信していきたいと思っています。
これまで応援してくださった人も、本書でわたしを知ってくださった人も、
これからのhichonを見守っていただけたらうれしいです。

最後に、この本をまとめてくださった山本有紀さん、
温もりのある写真を撮ってくださったカメラマンの中垣美沙さん、
企画・出版をしてくださったKADOKAWAさん、
素敵なデザインをしてくださった細山田デザイン事務所さん、
そしてなによりこの本を読んでくださったみなさま、
本当にありがとうございました。

hichon

hichon（ひちょん）

双子を含む3姉妹・末っ子長男の4人の子どもを持つ、宮崎在住ママインフルエンサー。Instagramのアカウント@hichonは、大好きな韓国を意識した名前。家族で楽しく暮らす姿や料理レシピ、収納テク、愛用品、そして韓国インテリアなどの投稿が人気で企業やブランドからのコラボレーションの依頼が絶えない。素敵なモノを見つけて紹介することが得意で、ファンの投票などで決定する〈楽天〉ROOM OF THE YEAR 2022と2023のMVPを2年連続で獲得。

手放すのは、モノではなく「選ぶ時間」

わたしらしい暮らしの決めごと

2024年11月20日　初版発行

著者　hichon

発行者　山下直久

発行　株式会社KADOKAWA
〒102-8177
東京都千代田区富士見2-13-3
電話0570-002-301（ナビダイヤル）

印刷所　大日本印刷株式会社

製本所　大日本印刷株式会社

ISBN 978-4-04-683925-1　C0077